人生の標準時計

苦悩なく生きる術

安達瑞光
Adachi Zuiko

風詠社

はじめに

悩みもなければ苦しみもないという人は、たぶんいないでしょう。なんの悩みも心配ごともありませんという人がおられたとしても、その人の考え方というか、生き方がそうさせているのであって、生きているかぎり、なんらかの心配ごとや悩みごとはだれにでもあるはずです。

愚僧が悩みごと相談を受け始めてより二十年が経ちましたが、インターネットが人々の情報源、通信のツールとして広がっていくにつれて、悩みごと相談の件数も増加してきました。とりわけタブレットやスマートフォンの普及によってその件数が著しく増えました。「心の悩み・人生相談」のキーワードで検索して、悩みごとを聞いて欲しい、そんな相手先を求めて愚僧のところへ電話やメールで相談をお寄せになります。お悩みの解消にならないかもしれませんが、聞かせていただくことで、ちょっとでも気持ちがやすらぎ、落ち着きが取り戻されていけばと思い、応対させていただいております。

「心の悩み・人生相談」では、だれにでも共通するお悩みごともありますが、多くはお一人ごとに異なるものです。したがってお悩みごとの内容はさまざまですが、人間関係のことが最も多くて、職場、家庭内、夫婦や男女のこと、兄弟や身内、ご近所とのことなどいろいろです。

いじめやパワハラ、金銭問題、仕事、宗教、暴力、介護、恋愛、相続、別れ、病気治療等々のことなど、生活のさまざまな事柄が絡みあっていますから、深刻な精神疾患においってしまい、うつ病状態が解消されないとか、心の病やひきこもりで苦しんでおられる方が、愚僧に苦しい胸の内をお話になられます。

私ばかりがなぜ悩んだり苦しんだりしなければならないのだろうか、あの人の存在が私の悩み苦しみの原因だとか、あの時こうしておけばこのようなことにならなかったのでは、などといってみても悩み苦しみは解消しないでしょう。原因を他にもとめたり、苦しみから逃げないことです。

なぜこの苦しみが生じたのか、その苦しみが消滅するとはどういうことか、苦しみと向き合うことが悩み苦しみの消滅につながります。そして過ぎ去ったことをいつまでも引きずってみても、過去から逃れられず、かえって未来の心配をするばかりです。

まずは悩みの現実をそのままに受け入れて「どのように悩みや苦しみと向き合うべき

か」そこから考えてみましょう。そして、「生き方上手の術《すべ》」が見つかれば、それが悩み苦しみの解消のための知恵を引き出すヒントになるでしょう。

いずれの苦しみであっても、解消するのは自分自身ですから、人格的な能力が決め手になります。したがって人格の向上をめざすことで悩み苦しみも少なくなるでしょう。そのために向上心を鼓舞して自己の人格を高める努力を日々怠ってはならないのでしょう。

「人間」という意味は「世の中」です。だから世の中に必要とされる自分であるべきだということでしょう。そのためには慈悲心を育み、世の中が必要としていることで、自分だからできること、それが何であるのかを見つけて、利他行の実践を心がけたいものです。

一つの苦しみや悩みが解消できても、また新たな悩みや苦しみが生じてきます。それで、悩み苦しみとも上手くつきあっていける、そういう生き方上手になれたらよいのですが、はっきりいえることは、どのような悩み苦しみの迷路であろうとも、抜け出せるということです。

「世の中というものは、なるようにしかならぬものなり」と思えるようになればよいのでしょう。そのために、向上心と利他心を生き方の基本として、自分の生き方をすこしでも変えていきたいものです。

人は生かされているから、自分の意思によらずとも心臓は鼓動しており、脈をとると血液の流れが感じ取れ、確かに自分は今、生きているということを実感します。このコチコチと伝わってくる心臓の鼓動を「命の時計・人生時計」とよぶことにします。そしてこの時計が狂うことなく、止まることなく、動き続けてほしいと願います。でも永久的に動き続けるものでないことを、だれもが知っていますから、より長く動きが止まらないようにと願います。また狂うことなく常に正確であってほしいと願います。

それでは正確に保たれるにはどうすればよいのかということです。通常、時計というものはそれぞれ自分の都合で時刻をあらわすのでなく、何人《なんびと》にも、どの国でも同じでなければということで、世界標準時を基準としています。

「命の時計・人生時計」も正確であるためには、標準になるものがあるはずです。それを「人生の標準時計」とよぶことにしました。そして、この標準時計とはどのようなものであって、何を指し示しているのかを知ることで、生き方をそれに合わせることができるでしょう。

「生き方上手の術」を身につけて、悩み苦しみと上手につきあい、悩み苦しみの迷路から抜け出て幸せな日々を生きて、人生が意義深いものになるようにと願いたいものです。

人生の標準時計 ＊＊＊ 苦悩なく生きる術 ＊ 目次

第四章　人生の標準時計　幸せを指す三つの針

表紙・挿画　安達礼子

人生の標準時計

人生の標準時計には三つの針がある
短針は向上心
長針は慈悲心
秒針は、命の鼓動
いずれの針も只今を刻んでいる
生まれてきてよかった
そう思えるならば
人生の標準時計は正確である
いつでも、今が出発点です

人、一生

人、一生、いつも木の芽がふくように
人、一生、いつも花咲きかがやいて
人、一生、いつもさらさらひらひらと
人、一生、いつも願いの種を蒔く

第一章　人、一生

今生の我が身二つ無し三つ無し

キーワードは「世の中」

幸せであるといえるのは、どういうことでしょうか。健康で長生きは人の最大の願いですが、病にならない人、老いることのない人、死なないという人はいません。財があれば幸せだと思うでしょうが、財は無いと心配ですが、有れば失うという不安がともないます。

よき家族や友達があって、人とのつながりもうまくいっておれば幸せであると思うけれど、それとてもいつか別れがあるはずです。美味しいものが食べられたなら、などと、人の欲望は限りないものですが、いずれも幸せであると言い切れるでしょうか。

だから、この世に生まれてきて、今生きていることを喜びに思う人。他から感謝され尊敬される人。その人は幸せであるといえるのかもしれません。

よく普通の生活とか、普通のおつきあいなどと、普通という表現をしますが、普通などないはずです。普通の人間、立派な人間、つまらない人間といっても、しょせんは人間の価値判断であり、宇宙の尺度があるとすれば、人間の尺度はあてにならないものです。

「人間」とは、という意味を広辞苑でひきますと、はじめに「世の中」とあります。

すなわち、人と人とがさまざまに関係を持ちながら生きていくところがこの世ですから、

「人間」すなわち「世の中」なのでしょう。

「世の中」とは生死を超えた生かしあいの世界です。だから、この世に生まれてきたすべての生き物は、生かしあうために生まれてきた。生きるとは、生かしあうことで、人も例外ではありません。

生かしあいのために自分が「世の中」に必要とされている。それで自分が他に必要とされるに値する人であるかが問われます。したがって自分しかできないという能力を身につけるべきです。「世の中」で自分に何ができるのか、そこが大切なところでしょう。

いかなる存在も不変でないから始めがあり終わりがある。したがって生きているのは「今」です。実在しているすべてのものは本来は空虚なものだから、命も自分のものであって自分のものでない。自分の命も授かった命であり、必要だから生かされている命です。

人間という意味は「世の中」です。だから世の中に必要とされる自分であるべきです。そのために向上心を鼓舞して自己の人格を高める努力を日々怠らないことです。そして慈悲心を育み、世の中に必要とされている自分だから、利他行の実践を心がけたいものです。

人間は「何のために生まれてきたのか、何のために生きているのか」その疑問を解くキーワードは「世の中」でしょう。

人生に、三つのステージあり

光陰《こういん》は矢《や》よりも速《すみ》やかなり、身命《しんめい》は露《つゆ》よりも脆《もろ》し。　修証義

現代の日本人は四人に一人が高齢者です。一昔前までは人生五十年といわれてきましたが、ここ五十年ほどの間に寿命がぐーんと延びて、今では人生八十年になりました。ご夫婦そろって九十歳を超えてというのもめずらしくありません。けれども、食事・入浴・用便で、他の人の介助なく自分でできるということになれば、男女の平均で八十三歳ぐらいでしょうか。それで今の日本人の生活元気年齢の限度を八十三歳として、日本人のライフスタイルを、三つのステージで設定してみました。

現代の日本人の人生における生活ぶりを、一万日という区切りで見ると、はっきりとその姿がイメージできます。すなわち人生には三つのステージがありそれぞれが一万日です。

①人生の第一ステージ、〇～一万日を生きると二十七歳になる。人が誕生して、親に育てられ、教育を受けて成人し、大人になる。仕事もするし恋もする。

②第二ステージ、〇～二万日を生きると五十五歳。伴侶を得て結婚し、家庭を持って夫婦生活をいとなみ子供を産み育てる。体力もあり自己の能力技術を発揮して社会に役立つ仕事をする。充実した人生のもっとも輝く時期です。

③第三ステージ、〇～三万日を生きると八十三歳。第三ステージの生き方が人生の良し悪しを決定づける。充実していれば一生一代が幸せであり、これが高齢化社会の課題です。

④第四ステージ、〇～四万日を生きると百八歳。第四ステージは「おまけ」です。

この三つの区切りを現代の日本人のライフステージとすると、そこからライフスタイルすなわち、「人生や生活に関する考え方」をはっきりとイメージできそうに思えます。だれでも自分の一生の生き方を時系列で考えることがあるでしょう、来るべき未来に思いをいたし、また歩んできた過去をふり返る、そして今を考えるのです。

若いときは自分の生き方として、将来に思いをめぐらすというよりも、今が楽しければよいということで、今だけの享楽にふける生き方になりがちです。第三ステージに至るまでは「何をもって幸せとするか。幸せとは何か」などと考える余裕もなく、日々があわただしさの中で過ぎ去っていくようです。けれども第三ステージでは自分自身が「幸せとは何か」をつかんでないと、無味乾燥な日暮らしになってしまうでしょう。

千年前、平安時代の頃の日本人の寿命は四十歳ぐらいだったといわれています。また、百年前に生きた人たちと比べても、現代の日本人は一万日も長く、三万日を生きるようになったのです。急速度で到来した人生八十年の時代では、大人期間を実質二倍も生きるようになりました。人生五十年の時代では、子を産み育てるや命尽きたのですが、現代では、多くの日本人がさらに三十年間も長く生き続けるようになったということです。

実質二倍の人生をどう楽しく生きるかが人々の課題ですが、この高齢化社会は始まったばかりで、初めての体験ですから、長寿時代の理想的な生き方が見えてこないのです。

人生三万日というけれど、人生の半分である四十年間は寝て食ってトイレに入って、そして、九万食、百トンの食料を食べて、水を五十メートルプール四杯半も必要とするということです。いったい人は何のために生まれてきたのでしょうか。それは他の生き物と同様に子を産み育て良い子孫を残すためでしょう。だがそういってしまえばそれだけのことになってしまいます。それで、いくつになっても、心身ともに健康で活き活きと活動できて、経験と知識と技術を生かして仕事ができる、社会に貢献できる、生き甲斐や楽しみを求め続けることができる、とりわけ第三ステージではそうありたいものです。

二千五百年前に八十歳を生きた驚異的な長寿の人がいました、それはお釈迦さまです。

お釈迦さまは今際《いまわ》のきわまで人々に生き方を説かれた、しかし健康で長生きしようとは説かれなかった。命はいつ尽きるかわからないからです。だから仏である自分に目覚めて、自分の生き方を変えて、悩み苦しみのない生き方をしましょうと説かれました。

自我の欲望のおもむくままに、自分勝手に生きようとすると、悩み苦しむことになる。それというのも、この世は共生きの世界ですから、自分本位のわがまま勝手な生き方では生きづらくなってしまうのです。欲望にふりまわされ、欲望を追求するという生活をあらためて、少欲知足を心がけて、他を幸せにと願う利他の生き方をしましょうと、お釈迦さまはこのように説かれました。

人生には出発点があり終着点がある。出発点はわかっているが終着点はわかりません。だからいつでもこれでよしといえる、そういう生き方が望まれます。

人の一生のさがしものは「幸せとは何か」ということでしょうか、たぶんそれは「人は救われる仏に生まれてきて、救う仏になるために生きる」ということではないでしょうか。いつでも「生まれてきてよかった、生きてきてよかった」と思える日々であれば、その人は幸せな生き方ができているということでしょう。

道　日本の伝統文化は精神修養

仏道は必ず行《ぎょう》によって証入《しょうにゅう》すべきこと。
道元禅師・学道用心集

日本人はどの分野でも、伝統を受け継ぎ、技術や能力の向上をはかることと、人格的向上をめざすことを一体のものとしてとらえ評価するむきがあります。また囲碁将棋においては勝負で評価されるから、勝たなければ意味がないが、勝負にのぞむ精神状態も注目されます。剣道でも弓道でも、身を守る術であることから、生き死にかかわることとして技の鍛錬とともに、精神の向上をめざすことがもとめられてきました。

日本人はどの分野でも、道という概念をもってとらえようとします。柔道は柔の道といいますが、相撲でも新たに大関や横綱になった力士が、「今後いっそう大関や横綱の名を汚さぬように相撲道に励みます」などと口上を述べる。歌舞伎や能、舞踊などの伝統芸能や、華道や茶道、いずれも道として、その奥義をきわめようとします。

人の生きざまや、生涯を道であらわそうとします。歌や詩にもうたわれるが、日本人は人の生き方を道であらわすことが好きです。また人生を旅にたとえて、自分の生きざまという道を日々歩みます。そして、行く先を思ったり、足元を見定めたり、過ぎ去りし足跡をふりかえったりもします。

柔道、剣道、弓道など武道では心身技ともに習熟し、いっそうの人格の向上をめざすべきであるとします。相撲も相撲道として心・技・体を整えることがもとめられます。茶道、華道、芸能においても同じです。それぞれの道をきわめるとは修練することであり、仏道修行に通じるものがあります。

学問は真理の追究であるとともに、それが世の中で役立つものでなければならない。技術もそれが製品として買われてはじめて役立つことで評価を得ます。スポーツ、文化芸能も世の人々に感動と生きる喜びをあたえるから評価を受けます。一人の力は微力であっても、世の中に必要とされ、そして役立つことに意味があります。

自分だからできることを通して、生き甲斐を感じて、そして感動して、やる気と根気を奮い立たせます。満足と挫折、希望と失望、喜びと悲痛を、何度もくり返しながらも、さらに工夫と挑戦を重ねていかねばなりません。向上心を持って努力すること、そして感性を高めて工夫することは道の基本であり、忍耐と勇気がそれを支えます。

道とは人生そのもので、生きている限りこれで終わりということがない

道とは人生そのもので、死ぬまでこれで終わりということがないから、絶えず新しいものを求めて工夫し改善しそして挑戦しなければならないのです。それは「ものづくり日本」の不屈の精神そのものです。ところが技術大国日本がどこかおかしくなってきた。技術こそ宝だけれど、ものが売れなければ技術があっても宝の持ち腐れです。技術がうまく善循環して、さらなる智慧と技を高めて「ものづくり日本」の本領を発揮してほしいものです。

学問も芸術もスポーツも、技術の研究開発も、道のめざすところは同じであり、その道を通して最高の人格に到達することです。したがって、いずれも命の尽きるまでそのことは続けられるべきです。長年続けてきた人はさらに奥義をきわめようと腕に磨きをかけ、いっそうの向上をめざし、新たに始める人は、それなりの覚悟を持ってかからなければ中途半端なものしか得られないでしょう。そして最も大切なことは、最高の人格に到達するように導く有能な指導者を育てることでしょう。

道は必ず行によって証入すべきこと

「仏道は必ず行によって証入すべきこと」と道元禅師は学道用心集でこのように説いています。それは行ずることがそのまま最高の人格に到達すること、すなわち仏と成ることです。仏道とは修行であり、行のめざすところは真理の体得です。関西弁であらわせば、「ほんまもん」の体得です。「ほんまもん」すなわち普遍的な真理（仏法）を自分自身の上に実現させること、普遍的真理に自己を同じくすることにほかならないのです。

人が成熟するとは、最高の人格に到達することであり、仏道では悟りであり、仏となることです。あるいは仏とならずとも、それぞれの分野で菩薩として世のため人のためにつくせる人になることです。

学問やさまざまな研究分野でも、スポーツや、芸能や芸術においても、めざすところは、最高の人格に到達することです。そして、自分のみならず他にも幸せをあたえることであり、いずれもが普遍的真理の探求に通じることです。道とは人生そのもので、生きている限りこれで終わりということがありません。

善業《ぜんごう》

人の生をうくるはかたく、やがて死すべきものの、今、生命あるはありがたし。
正法《しょうぼう》を耳にするはかたく、諸仏《しょぶつ》の世に出ずるもありがたし。　法句経

生と老と病は人間の成熟過程であり、死は成熟の終着点です

欧米人の生死観は「生・死」でとらえるそうですが、これに対して、日本人は古来より「生老病死」としてとらえています。老と病は人間の成熟過程で、死はその成熟のはてにやってくると考えています。だから老いの生き方や、臨終の時をどのようにむかえるかが重大な関心事です。成熟過程である老いをどう生きるかは、高齢化時代の課題です。

医療と介護が人の命を支える時代では、老衰でも病院で死ぬことが多くなったために、介護や看取りが大きな問題ですが、家族でない他人の世話になることが多くなりました。

現代人は老いや死を自然なこととして受けとめようとしなくなってきたからでしょうか、老いを嫌い、死をけがれたものと受けとめてしまいます。それで老いをむかえたものも老

いの生き方にとまどい、病は死に至る恐怖と感じるようです。老いと病は人間の成熟過程で、死はその成熟のはてにやってくるなどという考え方でなく、現代の日本人は欧米人の生死観のように、「生・死」でとらえるようになってきたようです。

日本人の民族的生死観、霊魂観からすると、しだいに成熟して死をむかえた人間は、死を成熟の終着として、そして新たに祖霊となる出発とします。すなわち死は成熟の終着点であり、子々孫々に敬愛される先祖霊となる出発点でもあると考えてきました。

そして先祖霊となる冥土への旅立ちにおいて、どんなに地位や名誉があろうとも捨て去らねばなりません。財産があっても、何一つあの世への旅立ちには不要ですから、この世に残していきます。ただ一つあの世へ持っていくものがあるとすれば、それは生きてる間に何をしたか、どういう生き方をしたか、そういう行為を「業《ごう》」といいますが、この業だけは死んでからもその人について離れないのです。

長寿の時代であるといえども、だれもが長寿であるという保障はありません。命はいつはてるかわかりません。そして、死んでからのことなどわからないから、あの世とはこういうところだと語り聞かせてくれるものなどいません。だから、お釈迦さまは死後のことを聞かれてもお答えにならなかった。そして、今をよりよく生きることだと教えられました。よりよく生きるとは、善き業を身につけ、悪しき業を身につけないこと、人は一生が修行であると教えられました。

死にゆくときは、ただ一人であり、お金やプライドなどにこだわっていても、何一つたよりになりません。だから、いつまでも心身ともにはつらつとして、命の輝きを失わずに、あの世へも身につけていける善根を積み続けたいものです。

この世に生まれてきたことを喜び、懸命に生きて、自分には善き業がいっぱい身についているだろうかと、時には我が身をふり返り、今の自分が褒められたらよいのでしょう。

「人の生をうくるはかたく」とお釈迦さまがいわれましたが、この世に生まれてきたことが、何よりもすばらしいことです。でも、だれもが心底からそのように思っているでしょうか、そうであれば命をもっと大切にして自分の生き方も変わるでしょう。生きている今を喜び、向上しようという思いがもっと大きくなるはずです。

「やがて死すべきものの、今、生命あるはありがたし」、老いていく、病にもなる、いつ命がはてるかわかりません。だから、今を生きるべしということでしょう。

私たちに本来そなわっている、やさしく、おおらかで、そして清らかな心が仏心ですが、その仏心に目覚めることが、「生」「老」「病」「死」の命の成熟した生き方です。命はいつはてるかわかりませんが、臨終という時には意識はないでしょう。だから、いつはててもよろしいという、そういう余裕をもって生きていけたら、それはもう「生」「老」「病」「死」の命が成熟し、成仏したということです。

今は人生八十年の長寿の時代です。人生五十年といわれた時代とくらべると、誕生から成人するまでの成長過程の二十年間を差し引くと、二倍の大人年齢の期間を生きることになりました。「老」と「病」に向き合う時間がそれだけ長くなったのです。したがって「老」と「病」にどう向き合って生きるかによって、人生の喜びや、悲しみの味わい方、すなわち、生き方が大きくちがったものとなるでしょう。

お釈迦さまが八十年のご生涯を終えようとされるまさにその時に、弟子達に最後の説法をされた。それは「怠ることなく一生修行を続けなさい」というものでした。二千五百年の時の流れを超えて「生」「老」「病」「死」の、ぬくもりのある命の生かし方の教えです。怠ることなく一生修行を続けて、死の間際まで心安らかにして、穏やかで、明るく、楽しくありたいものです。この世に生まれてきたことを喜び、感謝の気持ちをもって、悠久の旅に出られるならば、それは幸せなことでしょう。

玉泉壽《ぎょくせんじゅ》を延《の》ぶ仙人掌《せんにんしょう》

「玉泉壽を延ぶ仙人掌」とは、仙人掌という杯盤で雲上の玉泉から湧き出る甘露を受け、この甘露で玉の粉末を練り、これを服用すれば、不老長寿が得られるという。

健全な老化が人々の願いです

日本の高齢化スピードは先進国の中で最も早く、超高齢社会になりました。昭和二十二年～二十四年生まれの団塊世代が六十五歳以上の高齢者になりましたが、だれも自分が高齢者であると思っていないようです。不老長寿の願いはますます高まっています。

けれども六十五歳を過ぎると、高血圧の薬を飲んでいる人も多くなり、筋肉が衰えて、つまずいたり転んだり、喉をつまらせたり咳き込んだりします。また記憶力や思考能力が低下したと感じることがあります。それで自分は健康で長生きできるだろうか、などと、ふと思うようです。身体が不自由であったり、認知症であれば、他の人の助けがなければ日常の生活ができません。だから健康で長生き、すなわち健全な老化が人々の願いです。

身体が健康でなければ心も健康でない。精神的に深刻な苦悩が続くと肉体的にも病んでしまいます。心身一如ですから、身体も心も健康であり、活き活きとして、生き甲斐を感じて日々生活ができる状態が持続できれば、健全な老化が期待できるでしょう。

どうすれば、心身の健康が保てるのか、生き甲斐を感じて生きていけるのでしょうか。健康で長生きできる生き方として、これまでいわれてきたのは、病気につながる数値を適正にしていくために、生活習慣を改善することでした。ところが最近では生活習慣の改善に加えて、社会参加をすることが健康で長生きにつながるといわれるようになりました。

健康で長生きのコツとして、積極的な社会参加が長生きとどうかかわっているのかということについて、海外の研究者がさまざまなことを指摘しています。たとえば、外出して交流を深めることや外食する、家事仕事などの活動的な仕事をすることは、スポーツジムなどでの運動よりも長生きに役立っているということも、その一つです。

高齢者医療の専門家として知られている林　泰史さんは、「年老いても健全老化であること」の大切さを説いておられ、高齢者三千人を長期間調査して「元気で長生きの十ケ条」をまとめられました。

［長生きの十ケ条］

一、血中の総たんぱくアルブミン値が高いこと（高いことが若々しい心身を保つ）
二、総コレステロール値が高すぎず低すぎないこと
三、足が丈夫であること（運動不足は糖尿病や心臓病などの原因ともなる）
四、自分は健康であると思っていること（健康だと思う人は気持ちが高揚し長生きする）
五、すこし前のことをよく覚えていること（計画的なことを考えて記憶力を保つ）
六、体重は太らず、痩せすぎないこと（中ぐらいに保つ、過食せず偏食をやめる）
七、禁煙をすること（タバコは肺がんや心筋梗塞のもと）
八、お酒をほどほどにたしなむこと（お酒は一日一合程度が適量）
九、血圧は高すぎず低すぎないこと
十、外出して会話を活発にすること（外での活動や外食、家事仕事、社会参加を活発に）

この十ケ条のほとんどは自分の努力で達成できることばかりです。健全な老化が保たれて、活き活きとして生きていくことができるとして、林　泰史さんは「元気で長生きの十ケ条」の実践をすすめておられます。

健全老化

生老病死を苦しみととらえれば、なにごとも苦しみばかりと受けとるようになり、死はすべての終わりだと思ってしまいます。けれども、生老病死は自然なことであり、それを喜びととらえれば、何ごとにつけてもプラス思考がはたらき、感性も豊かになり、向上心を鼓舞するから、死を成熟の完成ととらえ、活き活きと生き甲斐を感じて日々を生きていこうと思うようになります。

そして死を成熟の完成だとすれば、人格の向上につとめるでしょう。そのためには生活習慣の改善に加えて、社会参加をすることで健全老化をめざそうとします。生まれてきたことを喜び、過ぎ去ったことにとらわれないで、されど未来はわからないから、今をよりよく生きようとします。

朝に目覚めて、今、生きていることの素晴らしきことを感じ、夕べに眠りにつくときに、今日は楽しい一日であったと思えたらよいのです。命尽きるまでよき人生であったと、常にそういう思いで日々が過ごせたら、それが健全老化ということでしょう。そして世の中に自分が必要とされる生き方ができれば、より幸せな人生になるでしょう。

人間とは、世の中

ただ、生死《しょうじ》すなわち涅槃《ねはん》とこころえて、
生死としていとふべきもなく、涅槃としてねがふべきもなし。
このとき、はじめて生死をはなるる分あり。

正法眼蔵・生死

人間、すなわち人の命とは

「私は、何のために生まれてきたのでしょうか。私は、いったい何のために生きているのでしょうか。それがわからなくなりました」つらく悲しいことが続きますと、だれでも、そんな疑問を自分自身に問いかけるでしょう。そして苦しみから逃れるために、死んでしまいたいと思うことがあるかもしれません。ところが死がどういうものか、だれにもわからないから、死にたいしても恐怖を感じてしまいます。他人の死を認識できても、自分で死を体験できないからです。

この世に存在するどの生き物も、自己の遺伝子を多く残すために生まれてきた。生き物たちは生き死にに疑問を持つことなく、命を受け継ぎ、子孫を残して命を伝え、そして死んでいきます。生き死にに疑問を持つ人間も同じことでしょう。

人間、すなわち人の命とは、人間の体を作っている元素は全部で二十九種類で、水素が半分以上（60・3％）を占め、次いで酸素25％、炭素10・5％、窒素2・4％と、この4種類の元素で98・9％を占める。そして人体の化学成分比では、水分60％、たんぱく質18％、脂肪18％、鉱物質3・5％、炭水化物0・5％です。つまり水分が全体の60％を占め、組織はわずか40％にすぎません。

人間の体はたった一個の受精卵の細胞から始まって、人として生まれ成長して五十兆個～六十兆個の細胞より成り立っている。そして一呼吸の間に、細胞が新しく生まれて、古い細胞が死んでいく。常に細胞は生まれたり死んだり、新陳代謝をしていますが、はたして人はいつも新しい自分を実感しているでしょうか。

人間、すなわち人の命、人体とはこのようなものですが、どうして人間は自ら死にたいと思ったりするのでしょうか。他の生き物は自死しないのに、なぜ人間だけが自死するのでしょうか。「何のために生まれてきたのか、何のために生きているのか」この問いに答えられないからです。でも、それを一生の問いとして生きていかねばならないのです。

人間とは「世の中」

人の命も、実在する万物一切も、瞬時たりとも同一のままでありえない。この真実の姿（実相《じっそう》）を、お釈迦さまは諸行無常《しょぎょうむじょう》であるといわれた。

人の命も、見えるもの聞こえるもの、実在しているもの、いずれも生あるものは滅ありで、本来は空虚なものです。この真実の姿（実相）を、お釈迦さまは諸法無我《しょほうむが》といわれた。

植物は枯れる、動物は死ぬ、表し方は異なるけれど、生まれてきたものは必ず死にます。死は消滅を意味するから、どんな生き物も死から逃れようとします。けれども「世の中」とは個々の生き物の生死を超えた大きな食物連鎖の世界であり、生き死には自然な姿です。「世の中」とは、瞬時たりとも同一のままでありえないこと、いかなる存在も不変でなく、本来は空虚なものです。ところが人間は煩悩によって認識するから、生き死にを自然な姿として受容できないようです。

煩悩の炎が吹き消されたとしたら、「何のために生まれてきたのか、何のために生きているのか」という疑問も消滅するでしょう。煩悩の炎が吹き消され、真実の姿（実相）が露わになった境地を、お釈迦さまは涅槃寂静《ねはんじゃくじょう》といわれました。

「世の中」とは生死を超えた生かしあいの世界です。だから、この世に生まれてきたすべての生き物は、生かしあうために生まれてきた。生きるとは、生かしあうことで、人も例外でない。

生かしあいのために自分も「世の中」に必要とされている。それで自分が他に必要とされるに値する人であるかが問われます。したがって自分しかできないという能力を身につけるべきです。「世の中」で自分に何ができるのか、そこが大切なところでしょう。

いかなる存在も不変でないから始めがあり終わりがある。したがって生きているのは「今」です。実在しているすべてのものは本来は空虚なものだから、命も自分のものであって自分のものでない。自分の命も授かった命であり、必要だから生かされている命です。

人間という意味は「世の中」です。だから世の中に必要とされる自分であるべきです。そのために向上心を鼓舞して自己の人格を高める努力を日々怠らないことです。

人間は「何のために生まれてきたのか、何のために生きているのか」このことを問い続けているかぎり、迷い道に入ることはないでしょう。

諸悪莫作《しょあくまくさ》

諸悪莫作《しょあくまくさ》　衆善奉行《しゅぜんぶぎょう》　自浄其意《じじょうごい》　是諸仏教《ぜしょぶつきょう》　　法句経

悪いことをしようと思えども、できない。
善いことを、せずにはおられない。
そのような生き方の中で、自然と心が浄まっていく。
これが仏教の生き方です。

「諸々の悪をなすことなく、衆々の善を奉行し、自らの心を浄める、これ諸仏の教えなり」これは有名な七仏通戒の偈という教えです。仏教は仏の教えであるとともに、仏となるための教えです。それでは仏となるためにはどうすればよいのかと問われれば、ためらうことなく、「悪いことをしてはいけない、善いことをしなさい、そして自分の心を浄めなさい、これが諸仏の教えである」ということにつきる、その意味は簡単明瞭であり、その教えるところに対してだれも異存はない。

しかしそれを実践するとなると、これはなんとまた難しいことであるか。

この教えを実践するということは、自らが日々心して努力する、修行の力によって自分を変えることです。すなわち、「もろもろの悪はなされず、もろもろの善はなされ、自らその心を浄くする、これが諸仏の教えである」

そしてさらなる自分自身の日常の修行によって、莫作の力量（修行の力量、はたらき）が現れて、さらにすばらしい生き方ができるようになる。「悪いことをしようと思えども、できない、善いことを、せずにはおられない、そのような生き方の中で、自然と心が浄まっていく、これが仏教の生き方です」

道元禅師は、唐の白楽天の故事を引いて、「正法眼蔵　諸悪莫作」の巻のむすびとしておられる。

白楽天が道林禅師に参禅した。ある時、「仏法の大意とはどういうものでしょうか」と問うた。道林禅師は「諸悪莫作　衆善奉行」と答えた。

白楽天は「そんなことなら、三歳の童子でもそういうでしょう」というと、道林禅師は「たとえ三歳の童子が言い得ても、八十歳の老翁も実践することはむつかしい」と答えたので、白楽天は礼拝して去った。

生（うまれる・いきる）

この字は、大地に芽生えた植物が地に根をはって
枝葉をのばし、幹がどんどん生長していく姿を
あらわしたものだそうです。
やがて花を咲かせて実を結び、新しい命を生む。
草木の生きているこの大地には、土地の評価や金の値打ち、
面子や世間体などというものはなにもない、
ただ大地をめぐる生命の生き死にの姿、
すなわち、大地より生まれてまた大地に帰る、
大いなる命の循環、時の流れがあるのみです。

第二章　安心して悩む

苦悩する日々からの脱出

苦悩からの脱出

人はだれでも悩みや苦しみをかかえながら日々の生活をしています。悩みも苦しみもないという人はいないでしょう。なんらかの心配ごとや悩みごとは生きているかぎり、だれにでもあるはずです。

愚僧がネットで「心の悩み・人生相談」のキーワードでお悩みごと相談をお受けしていますが、一番多いのが人間関係から生じることがらです。人間関係の悩みから、精神疾患になって苦しんでいます。そういうお悩みごとを聞かせていただくことが多くなりました。最近は経済的に困窮して他からの支援を必要とする人が増え続けています。支援にたよっている人でも、今はそうだけれど、なんとかして経済的自活をしたいと思っておられるようです。

また、うつ病やさまざまな精神疾患に苦しんでおられる人がとても多いです。苦しい日々をおくっているけれど、精神的自活を目指したいと願っておられるようです。それで、どうすれば思いが叶えられるでしょうかと「心の悩み・人生相談」で問いかけをしてこられます。

だれもが自分が一番大切だと思っていますから、自分本位に行動しようとします。親子であっても自と他です、お互いがそうだから、必然的に人間関係がしっくりとしなくなります。それがストレスとなり、身心一如ですから、精神的に病むと身体まで病むことになるのです。悩み苦しみが深刻なものになると、挫折して立ち上がれなくなってしまいます。

そこで、「どのように悩みや苦しみと向き合うべきか」ということについて考えてみましょう。そして「生き方上手の術」が見つかればとても意味のあることです。その「生き方上手の術」が悩み苦しみの解消のための知恵を引き出すヒントになれば、「世の中というものは、なるようにしかならぬものなり」と楽観できるかもしれません。たとえそうでなくても、悩み苦しみと上手くつきあっていける、そういう生き方上手になれるかもしれません。

お悩み相談の電話をかけてこられるお方に「ロダン作考える人」をイメージできますかとおたずねしますと、ほとんどの方が知っておられて「はい、できます」とお答えになります。それで、あなたの姿勢はいかがですか、背中を丸めていませんか、肩肘張ってかまえていませんか、頬杖してうつむいて考え込んでいませんか。あなたの今の姿は「ロダン作考える人」そのものではありませんかと問いかけます。

その姿を続けているとますます沈んでいきます。そして苦しさが増すばかりです。だから、その姿勢にならないように心がけましょうといいます。

そしてそうならないための方法をお伝えすることにしています。それは、

一、常に背筋伸ばして姿勢をよくする。
二、肩肘張らずこだわらず、かまえず、自然体で気楽にする。
三、呼吸を調える。お腹の下の方にちょっと力をいれてゆっくりと息を吐く、そういう吐くことを意識した呼吸法で、呼吸を調えましょう。

いつでも、どこでもできるから、この三つをセットにして、一日に何度となくこれを行えば精神的におだやかになれます。このようにおすすめしています。

また、他の人を気にしすぎる人が多いようです。そういう人には、人というのは自分中心の生きものだから、あなたが思っているほどに他の人は、他人のことを注視していないから、できるだけ自分も他を意識しすぎないようにしましょうといいます。

また、過去をひきずっている人には、一呼吸で自分の体は新陳代謝して新しい私になっていくから、頭の認識も新陳代謝して、ことさらに過ぎ去ったことを引きずらず、読んだ古新聞を処分するように、どんどん捨て去ることが肝心であるとアドバイスします。

笑顔になれない人には、朝の洗面の時に自分の笑顔をつくって鏡に映し、それを今日一日の顔にして、笑顔の私になりましょうといいます。

そして快眠快食快便につとめましょうと、生活改善をおすすめしています。

自分とはつまらない人間だなどと自分を卑下しないことです。なんのとりえもない無能なもので弱い人間であると思っている人にも、個性という素晴らしい能力があるはずです。

これらを日常生活の心得とされますと、自分の生き方を変えられるでしょう。

「心の悩み・人生相談」で、こういうお話をさせていただきます。

心配や悩みがあっても、「世の中というものは、なるようにしかならぬものなり」と思いこんでもよいのではないか。あれこれ考えたり、心配したり、悩んだりしていても、どうにもならないことが多いから、気楽にわりきってしまえば、気持ちも楽になるかもしれません。「おもしろくない日々を、おもしろく、するは己れの心なり」ということでしょう。

けれども生きていかねばならないから、今の、この苦しみや悩みを解消できればそれにこしたことはありません。けれども、内容によってはいかんともし難く、解消の見込みが立たぬものもあるでしょう。そういうものには、その悩み苦しみと上手につきあっていくしかありません。

善身《ぜんしん》

最勝《さいしょう》の善身《ぜんしん》を徒《いたずら》にして露命《ろめい》を無常《むじょう》の風《かぜ》に任《まか》すること勿《なかれ》。　修証義

今、八人に一人が「うつ病」か「うつ状態」にあるといわれています

右肩上がりの成長が望ましいと、それがあたりまえのようにいわれ続けています。毎日の通勤では時間に追われて満員電車に押し込まれ、仕事といえば経済効率・利益優先の要請に追いまくられ、まるで車のガソリン補給をするかのような食事をとり、仕事の疲れを癒す睡眠すら不足がちになる。そんな不自然な生活をしている人がとても多いようです。

情報化や技術革新の進展によって、あらゆる分野でスピードが要求される。深夜業務が増えて休みが取れないと、疲労が蓄積します。サラリーマンは常にキャリアアップをめざして自己努力をすべきだといわれる。一生懸命会社につくさねばと、自分と会社を運命共同体のように思っていても、最近では会社と個人の絆も弱くなり、いつ解雇されるかわからない。非正規雇用の場合は、雇用の継続にいつも不安がともないます。

そういうことで、心・身体ともに負担がかかり、頭痛やめまい、腹痛、生理痛、吐き気、下痢、寝汗、動悸、過呼吸発作、手の震え、食欲減退、性欲減退、等といった症状があらわれることがあります。このようなうつ病につながる初期症状があらわれても、さほど気にせずにいると、注意力が低下したり、生活が不規則になり、そのうち憂鬱感、悲哀感、不安感に悩まされるようになります。

こうしたシグナルを早めに察知できればよいのですが、体調不良がメンタルな問題から来ていることに気づかないのです。

最初のちょっとした体調の変化を感じた段階で、無理にでも三〜五日くらいの休みを取ると、メンタルヘルス不全に陥るのを食い止めることができるかもしれないのです。

思いきって休みを取れば、うつ病で長々と休まなければならないことと比べるとずっとましです、でも、それができないから問題なのでしょう。

このような悪循環は現代人の誰もが陥ることです。日本では今、八人に一人が「うつ病」か「うつ状態」にあるといわれています。

精神力が強く我慢強いと思っている人は「うつ病」になるリスクが高い

人間は進化の過程で脳がどんどん発達してきました。感情・欲求などは心のはたらきだとすると、頭（脳）は、コンピューターのような働きで、記憶・計算・比較・分析・推測・計画・論理思考等の情報処理をします。シミュレーション機能も持っていて、過去の分析や未来の予測も行います。ですから過去の後悔や未来の不安などの感情は、心でなく頭（脳）でということになります。

頭（脳）によるコントロールは、心や身体に向けられます。体調不良の初期症状があらわれていても、自分で気づかないと、深刻な状態に進んでしまいます。

根本的な原因が何であるのかをはっきりさせないで治療に薬を用いても、薬にはその人の価値観や性格など、生き方を変えたりする力はありませんから、根治療法になりません。

精神力の強い人や我慢強い人こそ、うつ病になるリスクが高いといわれています。強い精神力があればならず、心の弱い人がなるのだと思い込み、虚勢をはるうちに自分を責め続けて、状態を悪化させてしまうようです。うつ病の発症は現代人の不自然な生き方に対する自分自身の内なる警告かもしれません。

逆転の発想が療養の質を変える

自分のことを価値のない人間だと思いたくないから、人からの評価を気にして、努力して結果を出さなくてはと思う。価値がない人間だからこそ人一倍努力して成果を上げなければ誰からも好かれず、生きている資格がないとまで思うようになる。それで不自然な生活が慢性化して、自分の心の悲鳴に気づかず、様々な身体の不調を招いてしまいます。

幸せになりたくて仕事をしていたはずなのに世間的に評価されることを求めて、不自然な努力を自分に強いる生活に慣れっこになり、自分らしさを忘れてしまうのです。

うつ病のさまざまな症状は、外部の環境要因やその人の内的なあり方が相互反応しておこります。こうした症状や苦悩そのものが、自身のこれまでのあり方を問い直させ、自然で自分らしい生き方を再発見させてくれる可能性をもっていることにも着目したい。内からの重要なメッセージですから、このメッセージをまず受けとることが治療になるのでしょう。

うつ病の治療は、自然治癒力の発動を妨げているものを取り除き、本人の内からの自然治癒力が発動して達成される。それは元の状態に戻る修繕としての治療でなく、再生や新生をめざします。うつ病が治ることについて、専門医は治癒という言葉を使わず、寛解《かんかい》という専門語を使うそうです。症状が緩和されて病気の勢いが治まった状態を指す言葉で、完全に治ったのでなく、病気の勢いが衰えて症状が出ていないが、再発の危険性は残っているということです。

うつ病が続くと、終わりなき苦しみから解放されたいから死にたいと思う。それは、自分らしく生きたいという痛切な心の叫びでもあるのでしょう。死にたいということを口に出す人は、ひょっとしてこれを口に出すことによって、何らかの救いが得られるのではという期待を持っています。だから、だれかに自分の気持ちを共感して欲しいのです。

うつ病の状態がとてもひどいときは自殺の意欲も弱まっていますが復調途上においては気持ちが不安定に揺れるから、励ましたり叱ったりすると逆効果になるようです。

うつ病というのは何らかの心・身体不調のメッセージを伝えるべく、自分自身の内側からわき起こってくるものであり、自分自身を好ましくない状態から救い出そうとしているとも考えられます。とりわけ、その人本来の自然なあり方が再発見されたとき、問題の症状や苦悩は消失します。自身のこれまでのあり方を問い直す、よい機会だと思えばよいのです。

最勝の善身を徒にして露命を無常の風に任すること勿れ

うつ病からの脱出とは、元の自分に戻ることでなく、モデルチェンジしたより自然体の自分に新しく生まれ変わるということでなければならない。生き方や考え方について根本的な見直しをする、その勇気が大切です。

人は一人で生きているのではなく「人の間」に生きているから、人間関係をつくって生きていかねばならない。それで人間の悩みは対人関係から生じます。一人では生きていけないから、対人関係の悩みから逃れることができないのです。そこで、自分と関係のある人々は、すべて私の仲間であると思えれば、人間関係のありかたがまったくちがったものになるはずです。

社会と関わって自分をその中で生かすことができれば、そして幸福とは他に貢献することだと理解できれば、自分自身の力で生きていこうとする勇気もでてくるでしょう。しかし自己に執着しすぎると他への貢献ができないから、自己に執着しない生き方に変えていくべきです。

人に生まれてきた「最勝の善身を、徒にして露命を無常の風に任すること勿れ」です。

幸せの条件

心こそ、心迷わす心なれ、心に心、心ゆるすな。　沢庵禅師

ひきこもる大人たち

自立したはずの社会人が、ある朝突然に「会社に行こうにも身体が動かず、家から出られなくなった」という。大人たちがなぜ突然家から出られなくなってしまうのでしょうか。会社に着いても、仕事場に入れなくて、結局、家に帰ってしまい、休職し、そのうち退職してしまう。家から出られない、自立した大人がひきこもり状態になるのはなぜでしょうか。

経済環境の急速な変化についていけないとか、与えられた課題に対応しきれないということでいきづまり、仕事につまづいてしまう人。また上司との関係がうまくいかないとか、職場の雰囲気に適合できないなどの人間関係が原因であるとか、いろんなことがきっかけで、大人のひきこもりが深刻化しています。

今日、会社に行けなくても、翌日になったら、無理してでも会社に行く人もあれば、そのまま長期欠勤になる人もいる。どこかでつまづき、やがて働こうとするエネルギーがなくなって、ひきこもり状態になるのです。

眠れない日が続き、朝起きられなくなって、会社に出勤できなくなる。心療内科に行っても、多くは心身症やうつ病と診断される。抗うつ剤や睡眠導入剤などを飲んでも効果が無ければ、会社は休職扱いから症状が回復しないと退職になってしまいます。

四〇～五〇代の中年世代のひきこもりが増えているという。祖父母や両親の介護をするために退職し、実家に帰ったが、地元で再就職できず、社会から孤立してしまう人も多いようです。

日本の企業を支えてきた、職場のファミリーのような人間関係がなくなり、終身雇用システムから成果主義への流れが個々のつながりを無くして、他人を気遣うサポート体制も壊れてしまった。これまでの会社員なら自分を殺してでも、上司や会社の理不尽に堪え忍んでいったのですが、それはサポート体制があったからです。ところが最近では離脱すると、行き場がないのです。

なぜひきこもるのか

朝起きると突然体が動かなくなり、家から一歩も出られなくなる、そういうことがあるのです。明星大学の人文学部の高塚雄介教授によると、心理的なメカニズムで起こる一種のヒステリー反応だという。建前としては、こうしなければという認識があっても、実際にはそれができないと葛藤が起きる、その葛藤処理がうまくいかないときに、体が動かなくなる。こうした症状は病気でなく、誰にでも起きる。疾病利得《しっぺいりとく》といって、体が病気をつくってくれる自己防衛反応だということです。

多くの人は、矛盾をかかえながらも会社に行く、でも、ひきこもる人もある。その違いはどこにあるのか、矛盾などの葛藤を自分で乗り越えられるかどうかで、葛藤処理体験が少ないと葛藤処理能力が身についていないから、ひきこもってしまうようです。

ひきこもる人にはいくつかの共通点があるという。たとえば、一度に二つ以上のことをするとか、何かをしながら別のことをやるというような、注意の配分が苦手だというタイプ。機転がきかないとか、コミュニケーション能力や臨機応変さが弱いという人で、注意転換が困難である人、このようなこととひきこもりとが、なんらかの関係があるそうです。

一人で、家族だけで抱え込まないで、「苦しい」と、声をあげましょう

過去に視覚や聴覚に異常な体験をしたことがある人は、感覚に対して敏感に反応してしまいます。記憶によって想起されることから、自分にとって好ましくない思考や感情、感覚などを回避する傾向が強くなってしまいます。そういうことがさまざまな不安につながっていくようです。

就労してから職場不適合を起こすのは、男女別では男性が多くて、ひきこもりの高齢化がすすんでいるという。また離婚や介護、転職をきっかけに孤立してしまう女性のスネップ（友人や知人との交流がない無業者）も増加している。

ひきこもっている人は、対人恐怖、将来に対するあせりや不安、家族の言動に対するイライラ、不快感、孤独感、寂しさを感じています。第三者的視点を持つ他者とのつながりがあれば、それが社会参加のきっかけになるのですが、そういう機会がなかなか持てません。劣等感を持っていても、それが活力源にも、自分らしさを発揮する利点にもなります。

自分はひきこもりやすいタイプなのだと、自覚することも、それなりによいことでしょう。一人で、家族だけで抱え込まずに誰かに相談して、「苦しい」と、声をあげましょう。

どうすればひきこもりを脱出できるか

人と争ってまで自分の考えを押し通してトラブルの原因をつくりたくない人、コミュニケーションでいきづまり、職場不適合になりやすいという人、いやな思いを蘇らせ、それにとらわれてしまい、気持ちを次に切り換えられなくなるような人も、ひきこもりになりやすいという。

人は何かにつけて自分の行動の原因は過去にあると思っています。過ぎし日々の体験が自分の今の行動を決定づけていると思っているから、過去を悔やんだりします。けれども一分一秒の間にも自分の体は新しい私に生まれ変わっているのに、頭の中では変わらない私だと思っているから、過去を引きずってしまいます。そうすると、今日も明日も、変わらない過去の私だから、未来にも不安を感じてしまうのです。

過去の出来事は自分が今日まで生きてきたストーリーであり、今、そして明日へと新しいストーリーを自分が書き続けていくのだと、そのように考える人は、前向きで過去を行動の原因にしません。今、自分はどういう生き方をしたいのか、目標・目的による生き方へとレールを切り替えることが、ひきこもりからの脱出の最初の一歩になるでしょう。

ひとりの個人が社会的な存在として生きていこうとするとき、直面せざるを得ないのが対人関係です。自分は他者の期待を満たすために生きているのではない、他者は自分の期待を満たしてくれるために生きているのではない、まずそう受けとめたい。

他者から承認を求め、他者からの評価ばかりを気にしていると、ほんとうの自分を捨ててしまい、自分らしい人生を生きられません。

人間という言葉の意味を広辞苑で見ると、まず最初に、「世の中」とあります。人は世の中に生まれ、世の中で成長し、世の中で生きていく。だから世の中で必要とされる人間であるべきです。

ひきこもっていても、幸せとは何かを考えましょう。

「幸せの条件とは・・・自分が他から必要とされている、そういう生き方をしている」と、感じることです。「他すなわち世の中に貢献できる生き方」を目指そうと心を新たにしたいものです。

「心こそ、心迷わす心なれ、心に心、心ゆるすな」とは、とらわれ心、こだわり心を捨てよ、過ぎたることに心とどめるな、と、沢庵禅師が教えられた。家族の後押しと、家族以外の第三者の助けもかりて、ひきこもりから自立する勇気を取り戻しましょう。

今生

当に知るべし、今生の我が身二つ無し、三つ無し。　　修証義

心の病は人間の持病

だれにでも一度や二度は立ち上がれないほどの挫折感を経験したことがあるはずです。無力感が全身にまわれば、奈落の底に沈み込んでいくような気持ちになります。そんなお方には、しっかりしてください、気を強く持ってください、などという言葉をかけても、なんら支えにならない。ただ辛いでしょう、苦しいでしょうと声をかけるだけでなにもしてあげられません。

無気力とか精神の落ち込みが生じるのは、人間という生き物の持つ特性でしょう。心の病は人間の持病みたいなものです。心と体は一つのものですから、心の病は体をも衰弱させてしまいます。そのうち時が解決してくれるかもしれませんが、自滅してしまうほどの深刻な心の病であれば、専門医にかかって回復をはからねばならないでしょう。

絶望と挫折にこそ、希望の光がある

書家の金澤泰子さんは四十二歳で翔子さんを出産された。その子がダウン症だと診察され、その子の将来のことを思うと、深い悲しみに沈んでいかれた。そして子供といっそ死んでしまおうかと、何度も思われたそうです。でも娘の翔子さんの愛らしい目とかわいいしぐさを見ていると、育っていくわが子に希望を感じるようになり、死ぬことを思いとどまられたのです。

五歳の時から筆を持たせた。成長されるにつれて翔子さんには書家としての希なる才能があることに気づかれた。自分をよく見せようという気持ちは微塵もなく、人々にただ喜んでもらえることを楽しみとされ、純粋に心の思うままに揮毫される娘さんの姿に、この子を生み育ててきてよかったと思うようになっていかれたそうです。

ＮＨＫ大河ドラマの「平清盛」の題字によって、書家翔子の名は広く人々に知られるようになった。二〇一三年東京スポーツ大会の開会式で、揮毫された「夢」の字に感動した観客は翔子さんに限りない拍手をおくった。絶望し挫折しても、希望の光はあるのだと信じて生きてきてよかったと、金澤泰子さんは何度もそう思われたそうです。

過去にこだわらない生き方

何をしてよいのかわからない、自分がどこへ行こうとしているのか、何を目標として進めばよいのか、前も後ろもわからない、自分を見失ってしまったという経験をされた人もあるでしょう。

生きているのが嫌になって、いっそ死んでしまえば楽になるだろうと、そういう衝動に駆られたこともあるでしょう。死ねばこの苦しみから逃れられるから、思い切って命を捨ててしまおうかと、何度も思いながらも、思いとどまった人もあるでしょう。

また堪え忍んでおれば、新しい希望が生まれてくるかもしれないから、もう一度やり直そうと、自分に言い聞かせてきた人もあるでしょう。

もしもその時に自分の命を捨ててしまっていたら、今の自分はないのです。そして、あの時の苦しさからよくぞ踏ん張ってきたものだと、自分の過去を振り返り、今、命あることを喜ぶこともできないのです。

人はふと立ち止まって我が身を振り返ることがあるでしょう。あの時あの苦しみをよくぞ乗り越えてこれたものだ、あの辛さによくぞ堪え忍ぶことができた、悩みにうちひしがれて苦悩のどん底に落ち込んでしまうところであったが、何とか歩んでこれた、などと回想することがあるでしょう。

人は過ぎ去ったことにこだわり、過去にあったことがいつも頭をよぎって、過去を悔やんだり、過去にこだわったりするものです。過去にこだわりすぎると、今が過去になってしまい、今がなくなります。未来はやがて今になるから、未来もなくなってしまいます。

石原裕次郎さんの歌に「わが人生に悔いなし」というのがあります。「鏡に映るわが顔に、グラスをあげて乾杯を、たった一つの星をたよりに、はるばる遠くへ来たもんだ、長かろうと、短かろうと、わが人生に悔いはない」過去にこだわらなければ、だれでも自分の人生をふり返った時、よかったと思えるはずです。

挫折こそ希望の第一歩です、無力感にうちひしがれている時は、エネルギーの蓄電の時期にあるのだと思えばよい。何ごとにつけても自由自在で、ことさらにこだわりをもたなければ、挫折しても立ち上がれる、無力感から抜け出せるでしょう。

「当に知るべし、今生の我が身二つ無し、三つ無し」、と「修証義」にありますが、この世に人間として生まれてくることができたのです。今生とは、過去にこだわらない生き方をすることです。いつでも、「わが人生に悔いなし」という生き方をしたいものです。

ありのままに

ただし心をもてはかることなかれ、ことばをもていふことなかれ。ただわが身をも心をもはなちわすれて、仏のいえになげいれて、仏のかたよりおこなわれて、これにしたがひもてゆくとき、力をもいれずこころをもついやさずして、生死をはなれ仏となる。たれの人か、こころにとどこほるべき。

正法眼蔵・生死

人間関係には摩擦がつきものです

他の人と共に生きていくということは生きづらいことであるからと、絶海の孤島や深山幽谷で自給自足して一人で生きていこうとしても、それは不可能に近いでしょう。地域社会と隔絶した生活をしようとしても、それもできません。人は他の人との関係において、生かし合い生かされ合いしながら生きていけるのでしょう。それで生きていくとは、他とのつながりの関係が前提となります。その人と人との関係のことが人間関係です。

この世に悩み苦しみのない人などいない。だれでも何らかの悩み苦しみをもちながら生きています。その悩みで最も多いのが人間関係の悩みのようです。それは家族であったり、親戚、ご近所、職場、学校、取引先、友達、グループなどさまざまで、利害関係があるとか、ないとか、少数か多数であるか、いろいろです。いずれであっても人は他と関係しながら生活しています。

人間関係とは自と他、すなわち自分でない他の人との関係です。人間関係がよかれと願うけれど、人はだれでも自分が大事だから自分を大切に思い行動しようとするので、人と人の間でさまざまな摩擦が生じてしまいます。

他の人が自分との人間関係を壊している、それで悩まざるをえないのだと、うまくいかない理由を他の人を原因としたがるようです。しかしうまくいかない理由を他の人に原因があるといい続けるかぎり、人間関係がおだやかになることはない。

人が生きていくところ人間関係が存在し、人は利己的であるから摩擦は絶えないのです。この悩みは人が生きていく上で生じることですから、生きているかぎり消えて無くなることはないでしょう。人間関係での悩みがない生き方ができれば、自分にとっても、また関係する人にとっても幸せなことだから、人間関係を良くしておきたいものです。

我といふ小さきものを捨てて見よ、三千世界我が身なりける

人間という意味は広辞苑によると、「世の中」と最初の意味づけがされています。人間という言葉の意味がどうして世の中であるのかを、よく考えてみるべきでしょう。

人間とは人と人が関わりながら生きているのであり、さらには、世の中とは人のみならず生きとし生けるもの、山も川も一切が関わりをもち、さまざまなものが存在しているところ、それが世の中であるということでしょう。

もっと最大限に視野を広げれば、この世の中とは地球であり、宇宙です。人はそれぞれ宇宙に生かされているということでしょう。だから、了見の狭い自己中心の心をもっと広くすれば人間関係の摩擦などごく小さなものであるということになります。

京都の天龍寺の開山である夢窓国師は「我といふ小さきものを捨てて見よ、三千世界我が身なりける」と、いわれた。人は見栄張りや虚栄心で行動したり、他をことさらに気にします。それで恐怖や不安を感じて、おびえたり、行動が萎縮して精神疾患になってしまうのです。人間関係で摩擦が起こっても、しょせん自と他の間に生じるちっぽけなことで、たわいのないものだから、悩み苦しむに値しないといわれた。

面白くない世の中を面白く、過ごすは人の心なりけり

不味いものばかり食べていると美味しいということがわかるのでしょうか、美味しいも、不味いも、食べる人の感じ方かもしれません。水について、人であれば、咽が渇いていると一杯の水がとても美味しい。ところが、水に泳ぐ魚からすると、水というものは住むところであって、飲み水でないから、水の美味しさの話は論外です。

生活にゆとりのある人も、そうでない人もある。いずれにしても、自分がつつましく生きておれば気楽に生きられる。不器用なものは不器用なりにできることがある、それは器用なものにはとうていできないことです。病気持ちの人は病気とうまくつきあう、それが病気を治癒し、苦痛をやわらげる方法でしょう。喧嘩しそうになったら合掌したらよい。そうすると喧嘩にならない、両方がしなくても、一方のものが合掌しただけで、喧嘩相手にならぬものです。

好き嫌いは迷いなり、迷うから良し悪しに見える。人間関係のこだわりも、我執により心が心に騙されている、自分が自分に騙されているのです。幕末の長州藩士であった高杉晋作は「おもしろきこともなき世をおもしろく、すみなしものは心なりけり」といわれた。

我執という、つっぱり根性をほぐせば、ありのままになれる

人はことさらに人間関係にこだわり摩擦度を高めてしまうようだから、人間関係にこだわらなければ、人間関係の悩みは生じないということです。だから自己の考え方を変えれば、人間関係はおのずから良く保てるはずです。

道元禅師は正法眼蔵・生死の巻において、「自己の観念や感情でもって推量したり、いたずらに言葉で語ることもよろしくない。自己の思い込みとか経験なども忘れて、力むことなく無心になれば、だれにでも真実真理は呼びかけてくる。自己の心にこだわらなければ、おのずから真実真理に突き動かされて寂静の境地に入ることができる」と説かれた。

仏性というのは無限の過去から無限の未来にわたって、少しも変化しない、たったひとつの真理のことです。この身このまま、ありのままの本来の自己が仏性です。悩みというものは自分で勝手に考えるところからうまれる。自分で勝手に考えるから難しくなり、自分の思うように考えるから間違えてしまう。だからこの真理（仏性）に任せることができれば、煩悩や苦悩に振り回されることもない。我執という、つっぱり根性をほぐした、ありのままが坐禅であり、寂静の境地です。

人間関係が悩み苦しみの原因となることなどないのに、自分自身の思い込みで悩み苦し

みの原因に仕立てあげてしまうところに根本的な問題がある。人間関係の悩み苦しみからのがれる方法とは、まずこのことに気づくことです。

煩悩や苦悩に振り回されるということは、欲の入れものである自分自身をつかみきれずに右往左往して、我執に汚染した状態にあるからです。自我による観念に染汚する以前の私は仏性そのまま、本来の自己です。したがって仏性そのままの本来の自己に立ち帰れば、煩悩や苦悩に振り回されることもなく、人間関係で悩み苦しむこともないのです。

鬱憤不満で、腑が煮えくりかえるほどに激怒しかけることがあっても、柳に風の如く軽く受け流すことができればよいのです。それには背筋伸ばし肩肘張らずゆっくりと吐く呼吸法を常に自己訓練しておくことで、さらりとやり過ごせる。生き方の基本軸がぶれないように、自己を見失わず、足は大地を離れず、宇宙の気を吸い、宇宙の気を吐く、そのように生きていくのが我々の生活の態度であり、この生活の態度が禅です。

煩悩や苦悩に満ち溢れた現実の自己を認めて、日常の生活において、坐るという寂静の一時をもちたいものです。

放下着《ほうげじやく》

趙洲禅師《じようしゆうぜんじ》に一人の僧が問うた。
「私はすべてを捨て去って、一物《いちもつ》も持っていませんが、こういう心境をどう思うか」と、
禅師は即座に「放下著《ほうげじやく》」と答えた。
そこで僧は再び問うた。
「私はすでに、すべて捨ててしまったのだから、もう捨てるものは何もありません」と、
すると禅師は「何も持っていないという、その意識をも放棄せよ」といった。　従容録

悩みの多くはストレスが原因です

悩みごとのない人はいないでしょう。悩みごとは、他の人に話すことによって、少しは気持ちも楽になるでしょう。相談にのってもらえる人がいないとか、他の人には理解できないであろうと思いこんでしまったりして、自分の心の内にとじこめてしまうと、かえって悩みが深くなるものです。

悩みや苦しみごとがあっても、どんなことでも受けとめて、それを超えていくことができるという自信を持っている人でも、ちょっとしたつまずきが原因で、深刻な苦悩と不安をかかえてしまいます。体力も気力も人一倍あると思いこんでいる人でも、過労や心労が重なると、立ち上がれないほどの深い悩みの淵に転落してしまうのです。

悩みの多くはストレスが原因だと考えられています。それで心身ともに病んでいる人が多いのです。いろいろな荷物を背負って日々生活していますが、それは歳をとるごとに多くなるものです。そして近親者の死、退職、引っ越し、転勤、昇進、出産などのストレスが、心身の深刻な病を誘発させるのです。

最近の自分の変化に気づいていませんか？

午前中がとくにつらいという感じはありませんか？

憂鬱感や無気力な状態が続いていませんか？

身体のどこかが悪いということもないのだけれど、無気力でやる気が起こらない、そんな自分じゃダメだと思いながらも、どうしても活力がわいてこない。それで自分をせめるから気が疲れる。危険信号を自分の身体が発しているのに、それに気づかないものです。だから、身体がサインを出したらすぐに医者に相談する勇気が必要です。

捨てるという意識までも捨ててしまえ

医師のカウンセリングを受けることも必要でしょう。病気は生まれ変わるチャンスだと思えばよいのです。自分が病であることを自覚して、病気を受け入れる、治ると信じて医者の指示にしたがい治療に専念して、ゆっくりゆっくりと、あせらないことです。

家族も周りの人も、頑張ってね、早く治るといいね、しっかりしろ、男のくせに、いい年して、怠けるな、などという言葉かけは禁句です。

周りからみると「なんでそんなことに」と、いうようなプレッシャーを感じることがあるかもしれません。そこから逃げ出したいとか、すべてを投げ出したいと思うことは誰にでもあります。不安であるからあれこれ考えるのはごく自然なことです。

苦しくてつらいから、死んでしまったら楽だろう、などと、生き死にを考えているのであれば、病気が治ってから考えればよいことでしょう。

そして、ちょっと見方、考え方を変えてみませんか。自分で背負い込んでいる荷物はあたり前のことだからと思えば軽くもなる、嫌な苦痛と悩みの種だと思えば重くなる。荷を下ろして、しばし休息してもいい、誰かさんに少し助けてもらってもいい、重すぎれば小分けして担ぐのもよし、今でなくとも時期をみて担ぎなおしてもよいでしょう。

とかく人はさまざまなことにこだわり、自分勝手な気まま根性があるから、自分で悩んだり苦しんだりしてしまうようです。今、生きているからこそ人は悩み苦しむのです。人は虚栄心や面子など、つっぱらなくてもいいのに、つまらないことにこだわり、肩肘張って生きています。肩肘張らずに、背筋伸ばして姿勢正して、ゆっくりと吐く呼吸法にすれば、心おだやかに生きられる。そして快眠・快食・快便を心掛けておれば、心身健やかに日々生きることができるでしょう。

今、生きているからこそ人は悩み苦しむのです。悩み苦しみと上手につきあえれば、人は幸せに生きられるでしょう。

修行僧が趙洲禅師に「私は何もかも捨てて手ぶらになりました、さらに何を捨てろというのですか」とたずねた。すると禅師は「何も持っていないという、その意識までも放棄せよ」と答えた。

捨てるという意識までも捨ててしまえと趙洲禅師はいう。何ごとにも執着心を捨ててこそ、本当の生き方ができるようです。

欠気一息《かんきいっそく》

欠気一息《かんきいっそく》し、左右揺身《ようしん》して兀兀《こつこつ》として坐定《ざじょう》して、箇《こ》の不思量底《ふしりょうてい》を思量《しりょう》せよ。　普勧坐禅儀

ストレス

仕事でストレスを感じて体調を悪くするのではないかと、心配している人は意外に多いようです。また女性の場合は年齢的に更年期をむかえて、家庭や職場でいろんな問題や変化が起こると、これが強いストレスになることがあります。日常生活から考えられるストレスの原因としては、仕事によること、人間関係、睡眠不足等々でしょう。そして突然のこととしては、天災に襲われたり、事故や身内や知人の病気や急死です。その他心配事が重なったりすると、心身ともに病んでしまいます。

ストレスの原因は外部からのさまざまな刺激（ストレッサー）です。暑さ寒さなどの物質的な刺激や、怒り不安などの心理的なものもある。刺激によって心や体に負担がかかることで、身心に歪みが生じることがストレスです。

ストレスが原因でうつ病になる

人の話が聞けなくなったり、人に会うことも嫌になる。集中力が衰え、仕事に意欲を感じなくなる、学校や仕事に行けない、気分が落ち込み何をしても気持ちが晴れない、無気力になった、これまで楽しいと思ったこともそうは思わなくなり、興味があったものにも興味を感じなくなり、楽しいと感じることがなくなった。そういうことはだれにでも時々はあることですが、うつ病の前兆かもしれません。

一時的なことで気持ちの転換がはかれたら、何でもなく日常生活ができます。ところが、自分はだれからも必要とされていない、生きている価値もないから、この世からいなくなったほうが、などと思うようなことがあったり。気持ちがイライラして自分自身の感情も自分で抑えられないとなると問題です。

目が疲れる、身体がだるく疲れる。首や肩がこる、頭が重くなる、頭痛がする、便秘や下痢をする、食欲がない、よく眠れない、些細なことが気になってしかたがない、自分が自分でないような気がする、なかなか決断できない、理由もないのに不安な気持ちになる、そしてしだいに気持ちが沈んで憂鬱になってしまうことがある。

こうした自覚症状が長く続き、かなりはげしい場合はストレスによる疾患が考えられるから、早めに専門医の診察を受ける必要があるでしょう。

日常、自分はストレスを感じていても、なんとかストレスを解消できている、それでも、うつ病になるかもしれません。ストレスとは無関係だ、自分はそう思っていても自分が家族や職場のだれかさんにストレスを与えつづけているかもしれません。そして、しらずしらずに自分自身もストレスを受けて、それが原因で身心が病み始めているかもしれません。自分はだいじょうぶだろうと思っているけれど、だれでもうつ病になる可能性を否定できません。

何ごとにも意欲を感じない、気分が落ち込み気持ちが晴れない、落ち着かない、など、気持ちが不安定なとき、すこし時間があれば五分でも十分でもいいですから、静かに坐ってみましょう。床や畳に坐って、坐禅のように足が組めなくても正座でもいいです。正座がきつければ坐布団をお尻に当てると楽に坐れます。椅子に腰掛けてもいいです、椅子に坐ったら背もたれにもたれるのでなく、背筋を真っ直ぐにのばして坐りましょう。左右前後にゆっくりと体を動かして、そして背筋をまっすぐに立てるようにすれば、よい姿勢で坐れます。生き方の心得の一つは、背筋を真っ直ぐにのばす、姿勢を正しくするです。

呼吸法を見直しましょう

お腹のお臍の数センチ下を丹田という。気持ちを集中して丹田からゆっくりと息が出て行くように腹式の呼吸をする。悩みが深刻であればあるほど、他の悩みごとまでもが合わさってより悩みが深くなってしまう。それで呼吸に神経をふり向けると、悩みに向かっていた神経もその活動が弱くなるから、呼吸法を変えると気分転換になる。お腹の底からゆっくりと息を吐き出す呼吸法をしてみましょう。生き方の心得の二つは、ゆっくりと吐き出す呼吸法、呼吸を調えるです。

目はつぶらずに少し前に視線をおとして、次に右の手のひらを上にして左の手のひらをその上に重ね、両の親指を向かい合わせにして、つかず離れず、手のひらに卵が一つ乗っているような感じで、臍下丹田のあたりに、ここに気持ちをおくようにすれば、心も自ずから落ち着いてきます。考えをめぐらすことなく、心の働きもしばし止めて、何ものにも執着せずに、とらわれなければ、気持ちもゆったりとしてきます。生き方の心得の三つは、心を調えるです。

毎朝一番に、背筋伸ばして肩の力を抜き、ゆっくりと息を吐き、唱える「今日は良いことがある、悪いことは起こらない、過去は考えない」

欠気一息とは、息を長く吐き出して呼吸を調えることです。お腹の底からゆっくり吐き出す呼吸法で自律神経のバランスが調い、リラックス状態になります。姿勢正しく、呼吸を調える、とらわれない心、この三つを生き方の心得としたいものです。

過度にストレスがかかっているのに「ストレスがない」と思っていないでしょうか。また、いやな出来事や悲しいこと、苦しいことばかりがストレスの原因とはかぎりません。結婚、昇進など本人にとってうれしいはずのことまでもがストレスになったりしますが、こうしたストレスは気づくのが遅れがちです。

「何となく調子が悪い」といった身心の不調のシグナルを見逃さないことです。ストレスの原因の多くは生活習慣にありますから、ストレスになりやすい生活習慣かどうか、自分でチェックしてみましょう。

身体の細胞はたえず生まれて死んで、一時も同じでないから、いつも新しい私です。だから過去や未来にこだわらず、今の私を生きましょう。

ストレスに負けない心をつくるには、自分と向き合い、ストレスの原因がどこにあるのかなど、現状の問題点を冷静に洗い出してみることです。プラス思考を心がけ、無理をせずにゆっくりと取り組んでいくことです。

元サッカー日本代表監督のイビチャ・オシム氏が脳卒中の闘病体験を語る中で、「日本の人々は、この仕事を失敗したら明日はないという恐怖心におい込まれているようだ。多少の失敗をしても明日の心配をしなくてよいように、リラックスできる社会であるべきだ。人は勝つこと、成功することだけを考えて生きるべきでない。まずは生き残ること、敗北や失敗とも上手く折り合いをつけて生きていくべきです」日本のストレス社会をこのように語られました。

悲しみや他人への怒りの気持ちなど、いつまでも引きずっていても、なんら良いことにつながりません。水は方円の器に従うの言葉通り、水を方形に入れても円形に入れても三角の器に入れても、形は変わるけれど水であることに変わりはない。執着する心のはたらきがあってはならない、何ものにもとらわれない心で日々生きようと心がけることが、一番の健康法です。

仏道をならうというは、自己をならうなり

仏道をならうというは、自己をならうなり。自己をならうというは、自己をわするるなり。自己をわするるというは、万法に証せらるるなり。万法に証せらるるというは、自己の身心、および佗己の身心をして脱落せしむるなり。

正法眼蔵・現成公案

仏道をならうというは、自己をならうなり

ストレス社会に生きる現代人には、だれにでも悩み苦しみがあります、ない人などたぶんいないでしょう。悩みや苦しみには、それをもたらしているさまざまな原因があるはずです。原因が自分でなく他にある、それで自分は悩み苦しまなければならないのだと主張する人がいます。また、世の中がこのようだから、私も悩んでしまう、などと、世の中のせいにする人もいます。しかし、なるほどそうかもしれませんが、悩み苦しんでいるのは、ほかならぬ自分自身です。

その原因と思われるものが人間関係であったり、夫婦のこと、仕事のこと、病気のこと、

近隣とのこと、経済的なこと、などさまざまですが、いずれでも、他に原因を求める限り、自分自身の悩み苦しみを解消することはできないでしょう。また新たな悩み苦しみが生じてくると、さらに解消はむつかしくなるから、真の解決策は他に求めず、自分のこととして解消すべきです。

「これは悩み苦しみである、これは悩み苦しみの源である、これは悩み苦しみの無い状態である、これは悩み苦しみが無くなる状態に至る道である」まずその原因をはっきりさせて、次にどうすれば脱却できるのか、その道筋を立てる。こうして自分の問題として受けとめ、自分を変えていくことで、悩み苦しみは解消できます。

人と人との関係においては、たとえ親子であろうと、夫婦であろうと、自分の思うように人は応じてくれない。好きなお互いどうしでも気に入らなくなると、愛する気持ちが憎しみに変わる。人生のパートナーにめぐり会えたと喜んでも、やがて冷めると別れがおとずれる。自分でない他は家族でも他人であり、自分の思い通りになりません。しょせん人は生まれながらに独りぼっちであると、この基本認識をしっかりしておくことが大切です。

万法に証せらるるということは、自己というこだわり、とらわれをすてることです

なぜ悩み苦しむようになったのだろうか、それはいつ頃からなのか、その根源をはっきりさせましょう。自分が悩み苦しむのですから、自分自身でそれからのがれる努力をしない限りなかなかのがれらず、かえって悩み苦しみの度が深くなるでしょう。あくまでも自分の問題として受けとめて、自分が変わらなければ解消しない。でも、その原因によっては自分では解決できないものもあるでしょう。

苦しんで、そこから抜け出すところに喜びがある、だから苦は楽のもとです。楽しいことばかりにうかれていると、とんでもないところに落とし穴がある、楽は苦のもとです。苦の背は楽、楽の背は苦、苦楽は一つのものです。苦があるから楽がある、楽があるから苦がある、苦楽がともにあるからこの世はおもしろい。同じことは、喜びがあるところに悲しみがあり、悲しみがあるところに喜びがある、人生は悲喜こもごもです。

悩み苦しみからのがれるには、悩み苦しみを受け入れることです。絶望すれば、絶望を受け入れる、そうすると絶望の底があるはずです。絶望の底に至らなければ絶望そのものがわからない。曖昧な気持ちで絶望からのがれたいと思えば思うほど絶望の底なし沼にはまりこんでしまう。絶望の淵に至って、その絶望をそのまま受け入れることが、絶望から

のがれる方法です。必ず絶望の闇の中に光はさしこんでいるはずです。闇と光を一つのものと受けとめることで、闇も明るくなるでしょう。

一方に日が当たっていると、片一方は暗し、すなわち光の反対側は陰であり、陰の反対側は光です。一方は光、一方は陰、それぞれ別々であるけれど、それは一つのものです。されど光というときにはそれは光であって陰ではない、陰であるときは光とはいわない。けれども、光がなければ陰はないのですから、光と陰は一つのものです。ところが日の当たる方を好むが、一方の陰は好まないといえば、明と暗は一つのものと受け取れなくなる。

自己を先にたてて万法の真実を明らかにしようとするのが迷いであり、万法の側から自己を照らし出すのが悟りです。仏道を学ぶということは、自己を学ぶことであり、心身を脱落せしめるとは、自己というこだわり、とらわれ、そのことごとくをすてることです。すてることで、ありのままの真実である悟りが現れる。それを万法に証せらるるという。万法に証せらるるとは、悟らされるということです。すてきらなければ、悩み苦しみも払拭されず、万法に証せらるることもない。悩み苦しむ迷いも、苦悩なき安楽の境地も一つのものです。迷いのうしろは悟り、悟りの背は迷い、迷いと悟り、それは一つのものです。

良薬は口に苦し

我は良医の病を知って薬を説くが如し、服す不服とは医の咎《とが》に非ず。
又た善く導くものの、人を善道に導くが如し、
之を聞いて行かざるは、導くものの過《とが》に非ず。

仏遺教経

不老長寿の霊薬

人はだれでも健康で長生きしたいという願いを持っています。それで近年さまざまなサプリメントが売り出さるようになりました。ビタミンやアミノ酸などの栄養補給をする栄養補助食品あるいは健康補助食品などをサプリメントというようです。

人々はサプリメントのお試し使用からはじめて、それを買い、その効果をもとめます。異分野の企業も参入して新商品の開発がさかんにおこなわれているようで、サプリメントは大きな市場になってきました。

太古から不老不死は人間の窮極の願望でした。それが叶うようにと秦の始皇帝が徐福に

命じて不老不死の霊薬を探させたという昔話が伝わっています。蓬莱という山にその霊薬があるというので、それを求めてはるばる海を渡って来たという徐福の伝説が日本に残っています。

ところが生まれたものはいつか絶対に死ぬ、必ず死ぬから不老不死などありえません。せめてもということで、不老長寿を願うところからさまざまなサプリメントがつくられ、それを人々は買い求めます。いつの世にも健康で長生き、すなわち不老長寿が人々の願いです。

日本人の寿命が近年になって驚くほど延びて、超高齢社会になりました。このことは日本人が不老長寿になってきたといえるのかもしれません。けれども高齢者として生きることになると、新たな悩みや苦しみも出てきました。

長生きすれば健康のことだけでなく、人間関係のことでの悩みや苦しみも多くなります。生活する上で十分なお金がなければ、できる限り質素な生活をすればよいことですが、人間関係での悩みは、自分一人の問題でないから、複雑な葛藤をともないます。

長寿になれば、精神的な病も多くなりました。不老長寿を確かなものにした日本人は悩み苦しみを癒すさまざまな妙薬を手に入れることができるのでしょうか。

自分に合う薬は自分で調合せよ

病は気からといいますが、精神的な悩み苦しみが癒せなければ身体の不調につながります。それで長生きしていることで苦しい日々を長く生きなければならないから、長生きしたくないと思う人もあるようです。

心身一如ですから、心も身もともに健康であれば幸せです。すなわち精神的に悩みもなければ苦しみもない、そして生活に支障なく身体も健康であるならば、その人は幸せだといえるでしょう。

医療の発展によって、病気の治癒率が向上しました。また高齢者に対する福祉も増進されて、さまざまな制度や施設の利用が受けられるようになりました。けれども生老病死はさけられない人間の基本的な苦しみです。

老化は止められないけれど、病にならないように生活習慣を良くすることで健康管理ができます。しかし精神的な悩み苦しみに効く妙薬はありませんから、心の病に効く薬は自分で調合せよということでしょう。不老長寿の妙薬があるとすれば、それは悩み苦しみを癒す薬でもあるということです。

良薬は口に苦し

悩み苦しみのない生き方ができれば、それは理想的です。それには、悩み苦しみをも楽しみに変えてしまうような強靱な精神を身につければよいのでしょうが、これはむつかしいから、悩み苦しみと上手につきあえればよいのです。

ところが、その原因を他にもとめているかぎり、上手につきあえません。悩み苦しみに効く薬があるならばそれは自分を変えることです。常に向上心を持って生きている限り、一つ一つ乗りこえていける。自分の人格向上を目指す不断の努力こそが、悩み苦しみに効く薬のようです。

不老不死のめざす理想郷は、生き死にを超えた安楽の境地を得ることです。安楽の境地とは普遍的な真理を我が身に実現することで、これを仏教では悟りという。そして普遍的真理に自己を同じくして生きることを修行といいます。

人が成熟するとは最高の人格に到達することで、仏道ではそれを仏になるという。あるいは仏にならずとも、それぞれの分野で世のため人のためにつくせたら、そういう生き方を続けていけば、仏に近づくと教えています。修行とは生き方そのものですから、良薬はまさに日々口に苦しです。

さまざまな悩みや苦しみを感じるのは
今、生きているからでしょう
悩み苦しみのない生き方ができれば
それは理想ですが
はたして、悩み苦しみなく生きられるでしょうか

悩み苦しみとはなんでしょうか
どうして悩み苦しみが生じるのでしょうか
悩み苦しみなく生きられないのであれば
覚悟を決めればいい
悩み苦しみながら、どう生きるのかを考えればいい

さまざまな悩み苦しみを生み出しているのは
わがまま勝手な生き方をしている

自分自身かもしれません
心を鍛え、自分を変えていくと
悩み苦しみから自由になれるかもしれません

悩み苦しみのない生き方を願って
日常の生き方において
心を清め、自分自身を変えていく
悩み苦しみのない生き方とは
一生、日々是修行ということでしょうか

でも、・・・悩み苦しみがあるから
人生は楽しいのかもしれません
悩み苦しみながら生きていくことが
楽しい人生なのかもしれません・・・

念ずれば　花ひらく
少しずつ　少しずつ
ゆっくりと　ゆっくりと
活力をみなぎらせ
念ずれば　花ひらく

花々が　咲いている
さまざまに　芳しく
ただゆれて　微笑んで
お日さまうけて光ってる
百花あり　みな麗し

それぞれが
せいいっぱいの花を発らき散っていく
一木一草が花の如来さま、花の菩薩さま

第三章　生き方上手

悩み苦しみなく生きる心得

世の中は、今日よりほかはなかりけり、昨日は過ぎつ、明日は知られず

　生きていく上で過去の経験や得た知識はその人にとって貴重な財産です。ところが過ぎ去ったことにこだわり続ける人があります。過去に起こったことが、今に生かせればそれはよい経験、知識となるのですが、悔やんだり、思い込みはいけません、それは生き方を消極的にしてしまいます。

　不安心があったり、前向きになれないと、自分が積極的に行動できないことの理由づけを考えてしまいます。自分は過去にこういう体験をしたから、それが原因で消極的になってしまうなどと言い訳をしてしまう。かならずしも過ぎ去ったことが、今、その人の判断や行動に決定的な影響を与えるとは言い切れないのに、直面する課題に向き合えないことの理由づけにしてしまうようです。

　過去にこだわると今がない、今も過去であり、これから先、未来も過去になってしまう。心身ともに常に新陳代謝しているから、ことさらに過ぎ去ったことにこだわるべきでない。今といっても、それは一瞬で、今がすぐに過去になってしまうから、今というこの時を生きるべし、ということです。過去を引きずらない、これが生き方上手ということでしょう。

未来はわかりません。目標や願いに執着しすぎると、思い通りにいかないことが多いから、これも不安につながります。未来を心配すれば不安になる、過去を悔やめば苦しみの度合いが大きくなります。未来も、そして過去も人間の頭で思い描いている幻想であって、現実こそが事実です。一寸先は闇でわからないのが人生だから、結局のところ、現実をよく理解して、今を生きることが無難なようです。

なにごとにつけても、自分の思い込みでものごとを受けとめて判断するとおかしくなる。ことごとく対比したり区別したり、差別して受けとめてしまうことを分別といいます。

また、ものごとをありのままに認識できないで、自分の思うままに把握して、そして行動することを妄想といいます。分別や妄想で受けとめると偏りがあり、なにごとにおいても相対で把握するから実相（真実の姿）を正確に受けとめることができないで、結局は自分で悩み苦しみの原因をつくってしまうようです。

悩みというものは自分勝手に考えるところから生じる。自分勝手に考えるから難しくなり、自分流に思ったり考えたりするから間違えてしまう。自己の思い込みとか経験なども忘れて、力むことなく素直になれば、自我に染汚される以前の本来の自己に立ち帰ることができる。落ち着いてものごとに動じなければ、迷いや苦しみに振り回されないでしょう。

照顧脚下《しょうこきゃっか》

おのれこそ、おのれのよるべ、おのれをおきてだれによるべき、
よくととのえられし、おのれこそ、まことえがたき、よるべをぞえん。

法句経

履き物を揃えて脱ぐ、心のゆとりが欲しいものです

お寺へ来られた方が履き物を脱いで本堂に上がられる、その履き物の脱ぎ方もいろいろです。来た向きのままに脱ぐ人もあれば、履くときの方向に脱ぐ人、無造作に脱ぎ捨てる人、履き物をきちんと揃えて脱ぐ人、また脱いで揃え直す人、さまざまです。

心にゆとりが出来れば自分自身の姿もよく見えてくるでしょう。自分の履き物を揃えることは、そのまま自分の心の整理整頓になります。脱ぐ時に揃えておくと、履く時にも心が乱れないものです。

自分で履き物をきちんと揃えて脱げるようになったら、他人の履き物の乱れも直せます。どんなに忙しいときでも、履き物を揃えて脱ぐ、心のゆとりが欲しいものです。

照顧脚下とは自身を顧みよということです

禅寺の玄関に「照顧脚下」「看脚下」と書かれた木札を見かけられたことがあるでしょう。照顧脚下とは足下に要心せよ、気をつけてそこつなふるまいをせぬようにということです。履き物を乱雑に脱ぎ捨てるなということですが、照顧脚下は自己反省の意味もあって自身を顧みよということです。

自分の足下を見ることもしないで、他人のことによく気がつき、ついつい他人の批判をしてしまうということもよくあることです。他人を批判する前に自らを顧みよということでしょう。他に向ける目を自己に向けて常に自分の足下をおろそかにせぬように気をつけることが大切です。汝自らを知れ、自己を反省せよということでしょう。

勝手口でなく正式な建物の正面の出入り口を玄関といいますが、もとは禅寺の客殿の入り口を玄関といい、これが一般に広まって玄関というようになったということです。

玄関の玄とは奥深いこと、関とは要所のことで、奥深いおしえ、玄妙な道に入る関門という意味です。「照顧」とは観照顧慮のことで、要心する・注意するという意味で「脚下」とは足下をさし、玄関を入るにつけてよくよく自己を省みよと、促しているのです。

脚下を照顧

外物に気を向けてしまうと、ややもすれば自分のことを忘れて、心が揺れ動いてしまいます。また目の前のことばかりに気をとられていると、先のことが見えなくなり前向きに生きられません。しかし前ばかり見すぎると足下がおろそかになり、自分の立っている場所さえわからなくなってしまいます。

前方に眼をやりそれに心を奪われて足下を忘れていると、石につまずいたり、転んだりして怪我をすることがあります。また足下をしっかりさせていないと足を取られてしまうことがあります。自分の内面に眼を向けないで他に向かっていると、目覚めることができないから、自己内省が大切です。

禅宗では僧が行脚すなわち修行のために歩いて旅をするとか、托鉢《たくはつ》などのときに網代笠《あじろがさ》をかぶります。それはまわりのことに気が向いてしまわないように、常に自己を見つめて、足下に要心するためにかぶります。ひたすらに自己を見つめてまわりに気持ちを奪われずに、脚下を照顧させるのです。

自分を顧みることを忘れぬように

禅寺の玄関の「照顧脚下」とか「看脚下」と書かれた木札を見て、履き物を揃えなさいという意味に受け取られているかもしれませんが、それならば「履き物をきちんと揃えましょう」と書けばよくわかるはずです。

禅寺の客殿の入り口を玄関といいますが、玄関とは仏道に入る幽玄な関門のことで、悟りの境地に至る難透の関所ですから、自分を顧みることを忘れぬこと、「自己を問え」と一喝するところです。それで「照顧脚下」とか「看脚下」と書いた木札が置かれています。「照顧脚下」とは足下をよく見なさいということで、足下とは他ならない自己のことです。他に向かってではなく、自分の本性をよく見つめよ、自身をよく見よということです。

法句経に「おのれこそおのれのよるべ、おのれをおきてだれによるべぞ、よくととのえし、おのれこそ、まことえがたき、よるべをぞえん」とありますが、自己を問うということです。他に向かって求めず、常に自分のことを見つめ直して反省することが大切です。自分を顧みる。「照顧脚下」「看脚下」を念頭において生活したいものです。

阿吽《あうん》

身体髪膚《しんたいはつぷ》は父母《ふぼ》に禀《う》く、赤白《しやくびやく》の二滴《にてき》は、終始是空《しゆうしこれくう》なり、所似《ゆえ》に我《が》に非《あら》ず。

道元禅師・学道用心集

白と黒、赤と白

のし袋を結わえる水引は中国から入ってきた品物につけられていた紐が起源であるといわれていますが、生滅を色で表したものだという説もあります。水引の色は左右の色が異なり、慶弔によって色の用い方が異なります。慶事には赤白、弔事には黒白、黄白と使い分けされます。これは習慣化された日本の伝統的な礼儀作法の一つとなっています。

のし袋を結わえる水引だけでなく、白と黒、赤と白という色のちがいでものごとを区別することがあります。ある事柄の原因を特定することにおいて白黒をつけるとか、赤組白組と組み分けを表したり、勝負での白は勝ち黒は負け、損得勘定では赤字、黒字と表現します。双方の言い分が成り立つように、玉虫色を選択することもあります。

一方が明るければ、一方は暗し

のし袋を結わえる水引には、悲しみを表す白と黒、喜びを表す赤と白という色の組み合わせで、生き死にの明暗を分ける意味が込められています。それは生を喜び、死を遠ざけたいという人々の思いが根底にあるからです。

夏の暑い時期は木陰が心地よい。冬は暖かい日向が好まれるが、影は寒いから嫌われる。日のあたる側は好きだけれど、影は嫌いというのは人の本音かもしれません。しかし一方が明るければ一方は暗しで、明があるから暗がある、明暗は一つのものです。

明暗は一つのものですが、暗より明るいほうが好まれる。それは明を生まれる、暗を滅することと連想するからかもしれません。暗のみを見て死を連想するからと暗をけぎらいしても、明があれば暗があり、生あれば滅ありで、明暗一如、生滅一如です。

明暗であれ、生滅であれ、対立したものとしてとらえると見えてこないものが多い。ものごとを認識するのに、一方ばかり見ていると他方が見えない。車の運転でも前後左右の確認がもとめられるけれど、上下に危険が潜んでいないとは言い切れません。

人生は阿吽

私たちは人身を得てこの世に生まれてきました。生まれる前はなにもない、元はといえば無です。そして死んでしまえば、また元の無に帰る。今生きているといえども、人身は無から生まれて無に帰るから、人身とは実体がない虚仮かもしれません。

人身とは、本来は実体のない虚仮だとすれば煩悩もないはずです。ところが人は欲で認識するから、ことごとくに執着して、ものごとをゆがんで受け取ってしまい、自分自身で悩み苦しみをつくりだしてしまいます。煩悩は欲より生じるから、欲の気持ちを少しでもおさえれば、悩み苦しみも小さくなるはずです。

生滅はこの世の姿です。どんなモノでも生まれてきたモノは必ず滅します。宇宙も生滅するものであり、それは阿吽（あうん）です。宇宙の始まりが「阿」で、宇宙の終わりが「吽」です。人の一生も阿吽の呼吸のようなものです。人生の始まりは「阿」、生まれたときに大きく口を開いてこの世の空気を吸ってオギャーと泣いて、死ぬときは「吽」、息をフーと吐いて口を噤み人生を終える、ただそれだけです。欲だ煩悩だというけれど、人身を得て存在するのは今だけで、明日も存在するという保証はありません。

色即是空　空即是色

生命は赤と白の一滴から始まる。人の場合は母親と父親のそれぞれの一滴が受精卵となり新しい命が生まれる。たった一つの受精卵の細胞が母親の胎内で十カ月間かけて三兆個もの細胞に増えて、赤ちゃんとして成長し、人間としてこの世に誕生します。

般若心経に色即是空、空即是色とありますが、その実体が確認できるものを「色」といい、確認できないものを「空」という。

道元禅師は「身体髪膚は父母に稟く、赤白の二滴は、終始是れ空なり、所似に我に非ず」と教えられた。赤白の二滴といえども、元は実体がない「空」です。

私たちは人身という「色」を得てこの世に生まれてきました。ところが人身という「色」は、生まれる前はなにもない、元はといえば「空」です。そして死んでしまえば、また元の実体のない「空」に帰る。ゼロから生まれてまたゼロになる。すなわち「無」です。本来は「無」だから道元禅師はすべからく自己の執着心を捨て去れと教えられた。

黒と白、赤と白、明だ暗だというけれど、いずれも「空」でもなければ「色」でもない、生死に執着するあさはかな人間のたわごとにしかすぎないようです。

忍辱行《にんにくぎょう》

こころはしずまり、忍ぶことにつよく、ちから健くはげむもの、かかる勇者こそ、この上もなき安穏《あんのん》なるさとりに到らん。

法句経

我慢《がまん》

日常会話にしばしば出てくる「我慢」という言葉は、耐える、辛抱するの意味ですが、もとは仏教語です。仏教語で我慢という言葉は、煩悩の一つで、強い自我意識から起こる慢心のこととされています。現代の日本語では自己を抑制する、耐え忍ぶこと、こらえること、などと、忍耐の意に用いられています。この「我慢」は仏教辞典によると、「七慢」の一つに数えられています。その七慢とは次の七つです。

①慢・・・・劣った人に対して、自分の方が秀れていると思う心。
②過慢・・・自分と等しい人に対し、自分の方が秀れていると思う心。
③慢過慢・・相手の方が秀れているのに、自分の方が秀れていると思う心。

④我慢・・・自分の考えを唯一に思って、おごり高ぶる心。
⑤増上慢・・まだ悟ってもいないのに、悟っていると思い込む心。
⑥卑慢・・・人よりはるかに劣っているのに、あまり劣っていないと思う心。
⑦邪慢・・・悪事をしても、罪の意識ももたぬ思い上がりの心。

こうした「我」を中心とした執着心（慢）がある限り、決して向上はなく、清浄な心も得られません。この「我慢」がどうして辛抱するという意味に用いられるようになったのかということですが、たぶん自尊心という我が、ある程度強くなければ、苦難を辛抱するだけの気力が出ないと考えられたところから、辛抱の意味に用いられるようになったのではないかといわれています。

また、仏教語である「娑婆」という言葉も「暴風に翻弄される船の中で右往左往してみてもどうにもならない」のと同じで、世の中何処へ行っても自由気ままにならないことばかりだと腹にすえて、あるいは開き直って、耐え忍ばなければ生きていけないのがこの世の中だと認識してはじめて活路が見出される。だから何ごとも忍耐の心が大切で、耐え忍ぶことで安楽な生き方ができる。そういう意味の仏教語である「娑婆」という言葉も、常用語になりました。

忍辱行

「自分の考えを唯一に思って、おごり高ぶる心」という意味の仏教語である「我慢」が日常会話では、耐える、辛抱するの意味で使われています。

「娑婆」はサンスクリット語の「サハー」をそのまま音訳した言葉で、娑婆という漢字そのものには何の意味もありません。この世の中は人間関係のトラブルや迷いや悩みに満ちていますが、この世で生活する以上、すべて何ごとにも耐え忍ばねば生きていけないところ、忍土という意味ですが、日常会話ではまったく逆の意味に用いられているようです。

御誕生寺の板橋興宗禅師がこんな話をされました。生きものは逆境にさらされると生命力を活気づかせて強くなる。インゲン豆のつるは下から見れば支柱に右巻きにまとわりついて成長する。そのつるを紐で縛って真っ直ぐ伸ばして育てると、豆の収量が一・五倍になる、左巻きにして成長させると収穫量は二倍になるという。

鰻の養殖で、稚魚のシラスをカナダからですと十二時間かかって空輸します。すると八〜九割は死んでしまうそうです。だがその中に鯰を放して運ぶと二割は食べられてしまうが、八割は活き活きとして日本に着くという。

このように生きものは逆境にさらされると生命力を活気づかせて、強くなるということから、人間の生き方として、「我慢」も「娑婆」も、苦悩にどのように向きあっていけばよいのか、生き方を模索することにおいて、苦悩の克服、逆境での生命力を高める意味から、仏教語としての意味を変えて日常会話の言葉になっていったのでしょう。

日本は豊かな国になりました、ところがとりわけ若者には困難に出会うと逃げ出してしまったり、無気力になってしまう人が多いようです。また逆境に立ち向かうことが不得手で逃げ出したいと思うけれど逃げ出せずに、抑うつ症状になったり、独りぼっちの悲哀感から生きていても仕方がないと感じてしまう人もあるようです。

般若心経では、悩み苦しみの無い世界である彼岸に渡ることが人生の目的だと教えています。それには六波羅蜜の菩薩行がともないます。六波羅蜜の菩薩行の一つが忍辱行（にんにくぎょう）で、堪忍すること、耐え忍ぶことです。この世は苦しみに満ちた世界であると認識して、果敢に生きぬくことが忍辱行です。「忍辱行あるところ、苦しみに満ちたこの世が安楽の彼岸となる」。ということです。

仏教語の「我慢」も「娑婆」も、こういう意味ですから、生きる手引きの言葉として、日常会話でつかわれるようになったのでしょう。

就活

玉《ぎょく》は琢磨《たくま》によりて器となる。人は錬磨《れんま》によりて仁となる。
いずれの玉か初より光りある。誰人か初心より利なる。
必ずすべからくこれ琢磨し錬磨すべし。
自ら卑下して学道をゆるくするなかれ。

正法眼蔵随聞記

就活の現状と問題点

企業や官公庁などに正規雇用されるために就職活動することを、略して就活というようです。だが、転職や自営業を始めるための活動は就活といいません。
日本型雇用の典型的なシステムが年功序列であり、そのために新卒一括採用が今もおこなわれています。年に一度の採用制度は新卒者の就職機会を限ってしまうのみならず、職に就けない大卒者を増やしています。年に一度だけということで、長い時間をかけて何十社も受け、その準備に労力を費やし、学業に専念できないことも問題になっています。

企業の採用は基本的には自由ですが、完全に自由化すれば企業も学生も混乱するから、ガイドラインが設けられています。

日本では新卒制度のもとで、ビジネス経験のない人を学歴で判断して採用します。学校を良い成績で卒業したとしても、それが必ずしもビジネスの世界で成功につながるとはいえません。経験のない人を雇えばそれだけトレーニングの時間と費用がかかります。そして就職しても、その人が必ずしも職種に適合しているとは限らないから、おのずと離職率も高くなります。

就活に失敗すれば来年まで持ち越しとなり、入社も一年遅れるということもあるようです。アメリカでも学生が就職のために何時間も就職準備に費やすことには変わりないけれど、日本のように新卒者だけに焦点があてられることはないようです。アメリカの学生はインターンシップという形で経験を積み、履歴書の内容を増やして、卒業時に即戦力となる力を養っています。

新卒一括採用でなく、経験や能力や技能があれば中途も新卒も関係なく、多彩な採用をした方がより幅広く人材を採れるはずです。グローバル化の時代、海外企業との競争を考えれば、有能な人材をいつでも積極的に採用できる、そういう柔軟さが必要でしょう。

就活において、時間のなさとプレッシャーから、ストレスによって健康をそこなってしまう学生も多いようです。就活経験者で「就活うつ」になっている人もあります。日本では学校を卒業して就職するのが当たり前で、就職できずにいると社会不適応と見なされてしまうようです。

どうして「就活うつ」になるのでしょうか。面接をいくら受けても不採用続き、そんな経験を重ねるうちに、自分が社会から必要とされていないと感じてしまうようです。人生経験も少ないから、深刻に考え過ぎてしまうのでしょう。何十社受けても内定を得られない学生も多いようです。そしてその状態が続くと落ち込んでしまい、うつ病状態に陥り、なかには自殺してしまう深刻なケースも報告されています。

また親の期待が大きな負担となっている学生もいるようです。親から自立していない人は、就職活動がうまくいかないと挫折してしまう。うつ病に限らず摂食障害やひきこもりもみられます。

就活を機にこれから先の自分の人生を考えてみるのも大切なことです。就活がうまくいかなかったと嘆くより、新しい自分を生きるべきです。新しい自分とは、他人の評価を気にするよりも、楽しいこと、好きなこと、やりたいことができる自分です。

挫折からの脱出

挫折感を受け続けると、どうせ頑張っても報われないと感じてうつ病に近い状態になり、状況を変えようという気すら起こらなくなってしまう。この心の状態を「学習性無力感」というそうです。就活でうつ病の状態になっても、解決策はやはり行動を起こすことです。

挫折感を受け続けているとしても、なにごとも悪いことばかりではないはずです。うまくいっていないと感じているのはほんの一部で、うまくいっているものがいっぱいあるはずです。もっと高い視点から見ると喜ぶべきことがあるはずです。焦らずに問題点を整理してみるべきでしょう。自分の身の回りも整理すると気分が変わりすっきりします。

そして意識して姿勢を正して背筋を伸ばして、肩肘張らずにお腹の底からゆっくりと息を吐く、そういう呼吸法に変えていくと気持ちが軽くなります。

「玉は琢磨によりて器となる。人は錬磨によりて仁となる。いずれの玉か初より光りある。誰人か初心より利なる。必ずすべからくこれ琢磨し錬磨すべし。自ら卑下して学道をゆるくするなかれ」と正法眼蔵随聞記にあります。知識でも、技術でも、高めることにおいて終わりはなく、人格にも完成はないので、日々に琢磨し錬磨すべしということでしょう。

再チャレンジ

是諸法空相 不生不滅 不垢不浄 不増不減 般若心経

本来は空だからこの世のすべてのものには実体がない。空だから新たに生まれるということもなく、滅することもない、生まれながらに汚れていることもなく、生まれながらに浄らかであるということもない、増すこともなく減ることもない。

挫折は再チャレンジの一歩なり

再チャレンジとは「一度就職活動や大学入試などで失敗した人が、何度でも挑戦できる社会をつくろう」と二〇〇六年に安倍晋三さんが内閣総理大臣に就任して、自らが提唱した言葉です。第一次安倍内閣は短命であったが、この言葉の通り二〇一一年十二月に再チャレンジして、安倍晋三さんは内閣総理大臣に再び就任された。

「何度も挑戦できる社会をつくろう」ということの背景には、日本は「何かに挑戦して失敗したら、死ぬかホームレスになる社会」だという人もあるくらい、失敗した人は社会では許されない、再チャレンジのできない、そういう社会であるということでしょうか。そうであるならば再チャレンジの意欲も起こらないということになります。挫折とは再チャレンジの一歩なり、再チャレンジの道は誰にでも平等にあるはずです。

つまずいて転んだら痛い、怪我もする、けれどもその経験が身につきます。転倒したという学習ができたから、次に転びそうになったら、転ばなくてすむ。「転ばぬ先の杖」とは前もって十分に注意することが肝要であるということですが、つまづきこそ転ばぬ前の杖です。転んだという経験は次に同じような状況で転ばなくてすむ。転ぶという経験をしておいたほうが後の安全につながります。

何ごとも経験です、身についたものは失うことはありませんから、いろんなことを経験しておくべきです。失敗を重ねるごとに新たな工夫や発見や発想が生まれてきます。それが積み重なって成功につながります。しっかりとした志をもっている者は困難や挫折があっても必ず乗り越えて、最後には成し遂げられる。

受験に失敗したとか、希望する企業に就職できないといっても、人生が終わりになるわけでもない。人間失格という認定がされるものでもありません。死ぬまでその人には可能性とチャンスがある。だからパワーアップして再起をはかればよいのです。

弱者の心を知って、まことの強者となる

競争社会においては人のために立ち止まっていたら、自分が蹴落とされて負け組になるから、他者のことなど考えずに自分のことのみを考えるという風潮があるようです。また世の中はすべて自己責任というけれど、絶望する人、頑張れない人、頑張っても夢が叶わない人もいる。はたして成功者といわれる人たちはすばらしい人生、悩みなき生活をおくっているのでしょうか。

仕事や勉学の悩みだけでなく、生きていくかぎり、さまざまな悩みごとが次々と生じてきます。けれども、さまざまな悩みに向きあって悩むことに意味がある。とりわけ若い時の悩みの経験が、その後の生き方に大きく影響していく。深い悩みの経験があるものと、悩むことを避けてきたものとは、難局に直面したときに、生きぬく力がちがうはずです。挫折した経験のあるものは弱者の心を知っているから、まことの強者になれるでしょう。

だれでも気持ちが落ち込むと、私は価値のない人間だと思ったり、むなしさや絶望感に沈んでしまいがちです。自分のことを価値のない人間だと思うようであれば、そういう思いから自分を解放しなければいけません。

敗者は再チャレンジャー

優等だ劣等だなどと、人間の価値を判定するのに基準値、平均値があるとしても、それはしょせん人間社会のことです。般若心経に「是諸法空相 不生不滅 不垢不浄 不増不減」とありますが、無限の宇宙には人間の思量を超えた大原則があります。大宇宙はそのままが真理であり、人間の価値基準と整合しないことも多い。人間が考える曖昧なものを、あたかも価値基準であるかのように受けとめるところに悩み苦しみの原因があるようです。

近年は、精神疾患の人が増え続けています。なにごとにもこだわらずに、自分を解放しましょう。心静かにして己の心を空しくすると、宇宙の真理に生かされている自分自身に気づくはずです。けれども焦りは禁物です、気持ちが落ち着かないと、自分をじっくりと省みることも、また再チャレンジの意欲も出てきません。敗者は再チャレンジのチャンスをもっているから、焦らずに、やる気が出てくるのを、力まず肩の力を抜いて、ゆっくりと待てばよいでしょう。

今までの自分の人生をふり返って、良し悪しの判定が下せるでしょうか。まだ人生が終わっていないから、今後どのような展開になるのか、最後の最後までそれはわかりません。

幸福度

生涯懶立身
騰々任天真
嚢中三升米
炉辺一束薪
誰問迷悟跡
何知名利塵
夜雨草庵裡
双脚等閑伸

生涯、身を立つるに懶《ものう》し
騰《とう》々、天真に任《まか》す
嚢《のう》中三升の米
炉辺一束の薪
誰か問わん、迷悟の跡
何ぞ知らん、名利の塵
夜雨、草庵の裡《うち》
双脚、等閑に伸ばす

良寛

良寛さんの幸福観

「自分の生き方として、財をなすことや立身出世などということは、性にあわないから、気ままに自然の摂理に順って生きている。頭陀袋には托鉢でいただいた三升の米があり、当座の暖をとるに足るだけの薪もある。ことさらに迷いや悟りにこだわることもなく、まして俗世の名利など私には関係のないことです。おんぼろ屋根の草庵に、夜雨のしとしと降る音を聞きながら、両足をきままに伸ばし静寂を楽しんでいる」

良寛さんは越後の人で、一七五八年の生まれで七十三歳で没した。逸話が多く、清貧で無欲の人として人気のあるお坊さんです。これは良寛さんの生活ぶりが偲ばれる詩です。

良寛さんにとっては、日常が修行であり証（悟）であるから、何ごとにもこだわらず、とらわれず、身をつつしみて欲におぼれず、真実に随い、真実に生きることを発願し日々行ずる、すなわち菩提心を発《おこ》し、向上心を鼓舞して生活することにより幸福度が高まる。幸福度を高めようとするならば、それは他（外）に求めず、自ら（内）に求める。これが良寛さんの幸せの条件でしょう。

人生に浮き沈みはつきものです。人は上昇気運にあるときはさほど思わないけれど、何ごともうまくいかなくて、逆境にあると幸福の条件を自分の外に求めがちです。しかし、それは不安定なものだから、さらに不安が増すことになります。執着とは事物に固執し、とらわれることですが、良寛さんは無執着の達人であったようです。

幸福度を上げる

ＮＨＫ朝のラジオ番組・健康ライフで、予防医学研究者・石川善樹さんが興味のある話をされていました。人とのつながり方が寿命に関係しているというのです。なぜならば、人とつながりを持っていると、会話することでストレスが解消する、はりあい、生き甲斐、やりがい、責任感が出てくる、情報も得やすい。これが元気と長生きにつながるから孤独は健康に悪いという。

つながりの数と寿命とが関係しているから、仕事をずっともって暮らしてる人は長生きで、世話役とかリーダーをすると責任やストレスも多いけれど、役員になると寿命が延びる。つまり、こうした自立性をもった生き方が寿命に効いてくるという。

そして質よりつながりの量が多いほど幸福になれるという。幸福は人と人の間で伝染しやすいから、自分の友達が幸せになれば自分も九％幸福度がアップする、自分の友達が不幸になると、自分の幸福度は七％下がる。幸せの方が不幸せより感染力が大きい、だから、多くの友達に出会った方が幸せになる確率が高くなるそうです。

幸せだと感じる幸福度、これと寿命とが関係しているという。幸福度の高い人ほど寿命が延びる。それは、幸せだと思っている人は友達が多いから、ポジティブな人は人の助けが得やすく、ポジティブだと視野も広がるので困難を乗り越えて行けるというのです。

幸福度にはどういう要因が影響しているのか、統計的に導き出されたところでは、幸福度は生まれた性格で決まる、幸福のほぼ五〇％が遺伝が影響しているという。また遺伝以外の要因が五〇％だから、自分の努力や環境とか行動で幸福度は変えられるという。

幸福度を上げるにはどうしたらよいのか。環境よりも考え方を変えるのがよいというが、考え方を変えるのは難しいようです。それで環境や行動を変えることで、結果として考え方も変わっていく。だから、作り笑い、上を向く、ガッツポーズなど自分の行動それだけでも気分が盛り上がっていくということです。

幸福度を上げるために何をしたらよいのか、国家として取り組んでいるのがイギリスで、五つの行動を提唱している。それは、「運動する、感謝する、人とつながる、何か新しいことを学ぶ、人に与える」だそうです。

自分が幸せになろうと欲するならば、他をも幸せにしない限り自分は幸せになれない。日々の生活において、他を幸せにの願いを持続するところ、おのずと幸福度が高まる。その願いに生きることによって、幸せが自分についてくるということでしょう。

静慮《じょうりょ》

すべからく回光返照《えこうへんしょう》の退歩《たいほ》を学すべし。
身心自然《しんじんじねん》に脱落《だつらく》して、本来の面目現前《めんもくげんぜん》せん。

普勧坐禅儀

あなたにとって幸せとはなんでしょうか

悩み苦しみのない人などいません。生きていくことが苦しいということを「四苦八苦」の苦しみがあるといいます。生老病死の四苦のみならず、愛する人との別れの苦しみ、怨み憎しみあう苦しみ、求めても得られない苦しみ、何ごとにも執着してしまう苦しみなど、逃れられない深い苦しみを日々に感じて人は生きています。

「ご主人が緊急搬送先の病院で先ほど亡くなられました。死因は心筋梗塞のようです」と勤務先から電話が入った。朝元気に出勤していった主人が突然倒れて亡くなることもありえます。また、家族みんなで楽しい休日を過ごしたが帰路の途中で交通事故で亡くなる、そういうことも起こりうることです。生きているかぎり何が起こるか一寸先は闇です。

娑婆で生きるとは

生老病死は逃れられない苦しみですが、歳はとりたくない、いつまでも若くありたい、病になっても元気を取り戻したい、長く生き続けたいと、だれでもそう思います。また突然の不幸にみまわれないように、災難に遭わないようにと、神仏のご加護を願います。

この世で生きていくには様々な苦しみ悩みがつきまといます。苦しいことにも耐えていかねばならない、その悩みや苦しみとも上手につきあっていかねばなりません。この世とはそういうところだから、辛いこと苦しいことを乗り越えて生きていかねばならない、それが娑婆で生きるということでしょう。

楽しければ楽しみ、悲しければ悲しむ、おもしろければ笑い、悲しければ泣けばよい。そうはいってもついつい我を張ってしまいます。歯をくいしばって頑張らなければいけない時は思いっきり踏ん張り、気楽にすればよい時は、ことさらにかまえないことです。

ところが、何ごとにつけても自分中心です。自分が大切である、これが私たちの本音なんでしょう。様々な欲望があり、自分中心ですから、我欲を離れることがいかに難しいかということです。我欲から離れられないために、人は悩み苦しんでしまいます。

なぜ悩み苦しむのでしょう

財欲とか食欲などの欲だけでなく、人は社会的に評価されたい、自分の存在を他に認められたい、人との関係を良好に保ちたいなどという欲もあります。そしてそれらが満たされず、人間関係でぎくしゃくすると、ストレスとして悩み苦しむことになる。

とくに人間関係から生じる悩み苦しみは、いつまでもそのことを引きずっていると心の病につながってしまいます。済んだことだから、過去の出来事としてことさら思いつめることなく忘れ去ってしまえばよろしいが、身に染みついた心の傷はなかなか癒されません。

悩み苦しみからの脱却とは、苦しみが何であるかをはっきりさせることです。「これは苦である」「これは苦の原因である」「これは苦の消滅である」「これは苦の消滅に至る道なり」と、現実をありのままに把握して、自分本位の観念で理解しないことが肝心です。

人は何ごとにも執着してしまうから、妄想《もうぞう》の迷路に迷い込んでしまい、その迷路から抜け出せないのです。どうすればよいのかということですが、頭で考えてしまうから、迷いが迷いをさそいさらに深みに陥ってしまいます。何ごとにも自己流の妄想で理解せず、一切のこだわりを持たないことです。むつかしいけれど執着心を捨てることでしょう。

ことさらにこだわらない生き方を身につける

幸せであるとはどういう状態をいうのでしょうか。お釈迦さまは、「幸せとは悩みも苦しみもないことをいう」と教えられました。それでは悩みも苦しみもないとはどういうことでしょうか。どうすれば悩みもなければ苦しみもない生き方ができるのでしょうか。

日常生活でほんの少しの間でもよろしいから、床にあるいは畳に坐って、もしくは椅子に腰掛けて、いずれでもかまいませんから静かに坐ってみましょう。真っ直ぐに背筋伸ばして肩の力をぬいて、目は半眼にして、お腹の底からゆっくりと息を吐いてみましょう。上と下の歯をつけ口をつぐんで鼻からゆっくりと吐く呼吸法にしましょう。いろいろな雑念がうかんでも、捨てておきましょう。

ほんの一時の静慮によっても、本来の自分を取り戻せます。現前の何もかもをありのままに、あるがままに受けとめたらよいのです。かまえてみても力んでも、ならないものはならない、なるようにしかならないものです。何ごともあるがままに受けとめ、ありのままに認識できれば泰然自若《たいぜんじじゃく》の生き方ができる。悩みもなければ苦しみもない生き方とは、何ごとにもことさらにこだわらない生き方を身につけることが、娑婆《しゃば》での生き方でしょう。

最後の説法

諸仏《しょぶつ》は是れ大人《だいにん》なり。
大人の覚知《かくち》する所、ゆえに八大人覚《はちだいにんがく》と称す。
この法を覚知するを涅槃《ねはん》の因《いん》と為《な》す。
我が本師釈迦牟尼仏《ほんししゃかむにぶつ》、入涅槃《にゅうねはん》の夜の最後の所説《しょせつ》なり。

正法眼蔵・八大人覚

形あるものは壊れゆくものである

禅の修行道場では朝晩に梵鐘を打つ。朝の坐禅の時には暁鐘《ぎょうしょう》が、夜の坐禅の時には昏鐘《こんしょう》の音が聞こえてくる。ゴーンと聞こえた時、この一声が人生最後の音かもしれない、もう二度と聞けないかもしれないと思うとき、またゴーンと聞こえてくる。そして鐘が打ち上がると坐を解く。

禅堂で食事をいただくとき、この食事が最後の食事となるかもしれないと、ふとそう思うことがある。そう思うと、いただく食事がいっそう味わいのあるものになる。

生きているのは食事をいただいてまた次に食事をいただく、その間が生きている時間かもしれません。だが、生きているというのはもっと短かく、梵鐘一声の余韻が消えないうちか、瞬きの一瞬か、いずれにしても確かに生きているのは今、この一瞬、刹那というべきでしょう。

「仏遺教経《ぶつゆいきょうぎょう》」はお釈迦さまの遺言です。

二月十五日の中夜にお釈迦さまは入般涅槃《にゅうはつねはん》あそばされた。命尽きるまさにその前に弟子達へ最後の説法をされた。この説法の後にはもうお釈迦さまのご説法はなかったのです。お釈迦さまは最後の教えとして八大人覚を説かれた。とても意味深いものであるから、よく肝に銘じて聞法《もんぽう》しなければなりません。

八大人覚とは、偉大なる人の覚知する八種の法門で、少欲・知足・楽寂静・勤精進・不妄念・修禅定・修智慧・不戯論である。これを覚知することで心が寂まり涅槃に通じる。形あるものは壊れゆくものであるから、諸行無常のまっただ中にあって、ひたすら涅槃に向かって、修行を怠ることなく努めよという教えです。

もろもろの苦悩のもとは貪欲にあり

一つには少欲《しょうよく》「少欲は気楽なり」

かの未得の五欲の法中において、広く追求せざるを名づけて少欲となす。

五欲とは、財・色・食・名・睡眠の欲で、多欲の人は、おのずから苦悩もまた多い。欲を少なくする人は、望み求めることもなく、この苦しみのうれいもない。欲を少なく保てる人には安らぎがある、これを少欲と名づく。

二つには知足《ちそく》「奪いあえば足らぬ、分かちあえば余る」

已得の法中において、受取するに限りを以てするを、称して知足といふ。

足ということを知らない人は、たとえ富めりといえども心は貧しい。足を知る人は、貧しいといっても心が豊かである。足を知らない人はつねに五欲にまどわされているから不知足の人には安心ということがない、これを知足と名づく。

三つには楽寂静《ぎょうじゃくじょう》「遠離すれば、安楽あり」

諸々の心乱れる騒がしさを離れ、静所に一人住まいするを、楽寂静と名づく。

楽をギョウと読めばねがうということ、ラクと読めば安楽ということです。世間の束縛に執着すればするほど、さまざまな悩み苦しみの中に埋没してしまう。絶対の安らぎの楽を求めたいと思うならば、心乱れる騒がしさを離れて静かなところに一人で修行するがよい、これを遠離という。

四つには勤精進《ごんしょうじん》「不断の努力が、困難をなくす」

諸々の善ことを努力し実行することを精進という、専一で雑じりけなく、進んで退かず。

もろもろの善きことにおいて進んで退かず、怠ることなく努力すること、これを精進という。少量の水であっても常に流れておればついには石をも穴をあける。

借りものでなく、自分の問題として修行すれば、ほんものになる

五つには不忘念《ふもうねん》「正法を念じて、心に銘記すべし」

また守正念と名づく、法を守って失せず、名づけて正念と為す、また不妄念と名づく。

正しい仏の教えを胸に刻みつけ、けっして忘れないこと。念力堅強に努めれば、五欲の賊中のいろいろな誘惑があっても、その誘惑に害せられない、これを不忘念と名づく。

六つには修禅定《しゅぜんじょう》「坐禅を修するもの、内なる仏心が湧き出る」

法に住して乱れず、名づけて禅定という。

仏道に心身を集中する。法により安らって乱れないことを禅定という。禅定を修するもの、心を摂するものは、心が散乱することがない。

七つには修智慧《しゅちえ》「耳に聞き心に思い身に修せば　いつか菩提にいりあいの鐘」**聞思修を起こすを、智慧と為す。**

教えを聞いて得る智慧、道理を正しく思念して得る智慧、仏道を実践して得る智慧を真実の智慧と名づく。ほんものの悟りという智慧が湧き出ると、人生は無明で一寸先は闇であるが、借りものでないから無明黒暗の大明灯になる。

八つには不戯論《ふけろん》「戯論を捨離するところ、実相あらわなり」**証して分別を離れるを不戯論と名づく、実相を究尽する、すなわち不戯論なり。**

もろもろの無益な分別や議論をすると心が乱れる。凡夫の誤った思慮分別を離れ、真実のすがたを究め尽くすことを不戯論と名づく。

八大人覚は二月十五日にお釈迦さまが説かれた最後の教えであり、「正法眼蔵八大人覚」は道元禅師の遺経なり。そういうことですから、後世の仏弟子はこれをくりかえし身につくまで学ぶべしということです。この八大人覚の教えを聞くことのできた機縁をありがたく思い、これを実修しなければなりません。

この法を覚知するを涅槃の因と為す

お釈迦さまが人生最後にお説きになった教えを、そのままに道元禅師も「正法眼蔵八大人覚」としてお説きになりました。建長五年正月六日、永平寺で記されたが、体力の限界にあって法孫の義演によって清書されたと道元禅師の法嗣である懐奘が記述している。この年の八月二十八日に、道元禅師は五十四歳で入寂されました。

お釈迦さまのご入滅が近いことを感じて、不安な思いにあるアーナンダや弟子達にお釈迦さまは「自らを灯とし、自らを拠り所とし、法を灯とし、法を拠り所として怠ることなく修行を続けなさい」と、つげられた。

まさに「自らを灯とし、法を灯とすべし」というのがこの八大人覚です。道元禅師も同じく、如来の究極の正しい安らぎの心（正法眼蔵涅槃妙心）として、「正法眼蔵八大人覚」を説かれました。

人間として生まれてくることは難しい、そして仏法に出会うことはさらに難しい。寝て明日の朝、目が覚めるか覚めないかわからないのだから、今、この一瞬を無駄に過ごしてはならないのでしょう。

不戯論《ふけろん》

証して分別を離るるを不戯論と名づけ実相を究尽《ぐうじん》す、乃《すなわ》ち不戯論なり。

道元禅師

違順相争《いじゅんあいあらそう》

お寺の境内の掃除についての考え方は、汚れておれば美しくすることはもちろんですが、汚れの有無にかかわらず、毎日の掃除は欠かせません。境内は不染汚《ふぜんな》（悟りの境地）のところであるから、掃除して不染汚を保ちます。そのために日々掃除するのは、掃除そのものを不染汚の修行としているからです。

草は嫌われても生え、花は惜しまれて散るという。これは人間の思いであって、嫌われて生えている草などありません。これは必要だ、これは不要だ、これは好きだがこれは嫌いと、ことごとくが凡夫の認識です。これを違順（苦の境界と楽の境界）相争うという。

境内の清掃において、はびこる雑草は取り除き、散った花を掃き除くのは、違順相争うことでなく、不染汚を保全するためです。

唯有一乗法《ただありいちじょうほう》、無二亦無三《むにまたむさん》

　人間は欲望をむきだしにして損得を見定めるから、のぼせてしまい自分を見失ってしまいます。そして、大きいか小さいか、美味しいか美味しくないか、好きだ嫌いだ、幸せだ不幸だと違順相争うことばかりです。つまらない自己の嫉妬心がそう思わせているのであって、こだわりの思いを捨てれば、いずれでもよいことです。

　なにごとにつけても、自分の思い込みでものごとを受けとめて判断するとおかしくなる。自分の思うままに把握して、そして行動することを妄想《もうぞう》という。またことごとく対比したり区別したり、差別して受けとめてしまうことを分別《ふんべつ》という。

　妄想や分別をしなければ、実相（真実の姿）がよく見えるのですが、好きだ嫌いだと、人間は妄想・分別するからいけません。好き嫌いがあれば、それは迷いなり、迷うから実相を見失ってしまいます。心が心に騙される、自分が自分に騙されてしまうのです。

　法華経に「唯一乗の法のみありて、二も無く亦三も無し」と、仏となる道はただ一つ一乗であり、二乗、三乗はなく、仏の乗り物にすべてを乗せてしまう。すなわち、心静かに正身端坐すれば、これが唯有一乗法で、妄想や分別が生じないから、実相がよく見える。

人、船に乗りて岸を見れば岸動く

死にたいと、苦しい自分の気持ちを話される。でも生死一如だから、生と死は一つのもので、生まれたら死ぬ。生きる意味を理解しようとしないで、死にたいと思うなかれです。

主人公は本来の自己、すなわち仏性であるはずなのに、死にたいと思う人は、すっかりお客である煩悩に自己が乗っ取られているのです。仏性の性というのは無限の過去から無限の未来にわたって、少しも変化しない、たった一つの真理のことです。

「性に任じれば道に合す」で、法性の真理に任せれば、悩むことも、苦しむこともなくなる。だから煩悩のるつぼに堕ちて自殺する人など、まったく主客転倒というべきです。煩悩は発熱しているようなものだから、時が来れば冷めるのに、のぼせ上がってしまうと自己を見失ってしまうのです。

悩みというものは自分勝手に考えるところから生じる。自分勝手に考えるから難しくなり、自分流に思ったり考えたりするから間違えてしまう。

人船に乗りて岸を見ると、岸が動いているように見える。岸が動くのでもなし、自分が動いているのでもなし、船が動いているのです。静慮すると本当の自分が見えてきます。

乱心戯論《らんしんけろん》を捨離《しゃり》すべし

身心を乱し悩ませ、正しい判断をさまたげる心のはたらきのことを煩悩といいます。貪り・怒り・無知で愚かな心が煩悩の根源です。だから、自己の体は煩悩の入れ物であると認識すればよい。自己中心の考えによる執着から煩悩が生じます。そして煩悩が妄想分別を生じさせてしまうのです。

煩悩に振り回されるのは、わがまま勝手な自我に汚染した状態にあるからです。自我に染汚される以前の寂静な世界、すなわち悟りの心そのものを不染汚といいます。妄想も分別も生じない、それが不染汚のところです。仏性は不染汚であり本来の自己そのものです。

戯論とは妄想や分別による意味の無い議論のことで、無益な議論をすると心は乱れてくる。不戯論とは妄想分別を離れて、真実を究めつくすことです。

自己の観念や感情で推量したり、いたずらに言葉で語ることもよろしくない。自己の思い込みとか経験なども忘れて、力むことなく無心になれば、自我に染汚される以前の本来の自己に立ち帰ることができる。落ち着いて物事に動じなければ、迷いや苦しみに振り回されることはないということでしょう。

こだわらない、欲ばらない、がんばらない

我、昔より造りしところの諸々の悪業《あくごう》（罪、悪いわざ）は、皆、無始《むし》の貪瞋癡《とんじんち》（むさぼり、いかり、おろかさ）による。身口意《しんくい》（からだ、くち、こころ）よりの生ずるところなり。一切、我、今、懺悔《さんげ》したてまつる。

懺悔文《さんげもん》

心理学者の河合隼雄さんによると、最近の若い人は悩み方が昔とちがってきた。すなわち、何であなたは悩むのですかと聞けば、はっきりと悩みの根源を話すのが最近の若者の特徴だそうです。それは他が原因で私がこうなってしまったなどと、悩みの原因を他に求めようとする。でも一時代前の若者に悩みの原因をたずねてもすぐに答えが返ってこず、命とは何か、生きるとは、人生とは、と、自分に問いかけて、自分自身で悶々とした日々をおくるという若者の姿がみられました。深い悩みに沈んでしまうけれど、若者はやがてその悩みから自力で立ち上がり、歩き始めたものです。ひたすらに自己の内面に問いかけ、いかに生きるべきかを悩んだのです。河合隼雄さんはこのような話をされていました。

煩悩はどんどん湧いてくる

悩み苦しみの根源は煩悩にあります。煩という字は左が火、右が頭で、頭が燃えさかって正常な判断ができなくて、自ら悩み苦しむのです。

命とは何か、生きるとは、人生とは、と、ひたすらに自己の内面に問いかけ、いかに生きるべきかに悩み、その悩みから自力で立ち上がり、歩き始めた経験があればよろしいが、悩みの原因を他に求めがちな現代人には、ものごとの認識においても、自分にとって都合のよい、自分勝手な受けとめ方しかしない人が多いようです。ものごとの本質を理解しようとしないから、現実をありのままの実体（真実）として認識できないで、自ら悩み苦しんでしまうのです。

人には貪瞋癡（むさぼり、いかり、おろかさ）の三毒の心がある。この三毒の心がはたらいて煩悩が生じます。人体は煩悩の袋ですから煩悩はどんどん湧いて尽きないのです。この三毒の心のおもむくままに勝手気ままな自分本位の生き方をして自分で悩み苦しんでいるのが凡夫です。この煩悩のはたらきによって悩み苦しみが生じます。これがストレスとなり心身が病み、身体の不調につながるのです。

こだわらない、欲ばらない、がんばらない

現代人は悩み苦しみの原因を他に求めたがるから、他が変わらないかぎり自分の悩みも解消されないということになってしまいます。まして社会がどうだからと、世の中のせいにしてしまうと、世の中が変わらないと自分の悩みも解消されないということになるので、悩みが深刻でストレスが蓄積されていくのです。

これにくらべて、自己の内面に悩み苦しみの根源を求めれば、それは自己の問題です。生きているから悩むのであって、安心して悩めばよいのでしょう。悩みが尽きぬから生きる意欲や希望も持てるのでしょう。しかし過度の悩みは禁物です、ストレスで自滅してしまうからです。悩みもほどほどがよいのでしょう。

いい加減に生きるとは、風呂の湯で喩えると熱からずぬるからず、ちょうど良いぐあいというところでしょうか。しかし、このいい加減に生きるというのが、なかなかむつかしい。そこで生き方の三ヶ条なるものを提案します。

その一　肩肘張らない　いつも背筋伸ばして姿勢正しく、肩肘張らずに、ゆっくりと息を吐く呼吸法で、ロダン作「考える人」のスタイルはいけません。

その二　欲張らない　少欲知足、欲張らないで生きましょう。多欲の人は利を求めるこ

とが多いから、おのずから苦悩もまた多い。少欲の人は求めることもなく、欲もないから
わずらうこともない。

その三　頑張らない　快眠・快食・快便で、心身健やかに生きましょう。健康は習慣です。朝は同時刻に起きて三食しっかり食事をとり、夜は早く寝る。ちょっと辛くても仕事や学校に毎日出かける。規則正しい生活を心がけることです。

いつも姿勢正しく、ゆっくりと吐く呼吸法を常に心がけ、欲ばらず、笑顔を絶やさず、自然にふれ、日の光をあび、汗もかいて気分をおだやかにして日々過ごすことです。

時には日常の生活を省みましょう。普段の生活に原因があれば、その生活を根本から変えることです。仕事に原因があれば仕事の仕方を変えてみる。思いきって職場を変えることも必要です。これまでに過ごしてきた生き方を変えて、別のレールに乗り換えるのも一つの生き方です。これまでとちがった考え方、生き方をすれば楽に生きられるかもしれません。斉藤茂太さんの言葉を借りれば、過去にこだわらないこと「過去は安い本と同じ、読んだら捨てればいい」そして、失敗を恐れないこと、「何でもないところで転んだ人は、難所では転ばなくなるものさ」です。

光明《こうみょう》

自己をはこびて万法を修証《しゅしょう》するを迷《まよい》とす、万法すすみて自己を修証するはさとりなり。
迷いを大悟《たいご》するは諸仏なり、悟りに大迷《だいめい》なるは衆生なり。

正法眼蔵・現成公案

悟りのなかにありながら迷っているのが衆生です

お釈迦さまは六年もの長きにわたる難行苦行のはてに、悩み苦しみの極限に至られた。そして悩み苦しみをそのままに受けとめて菩提樹下で坐禅に入られました。やがて夜の闇が明けんとする十二月八日の黎明に、明星の輝きとともに天と地、お釈迦さまご自身と一切のもの、ことごとくが光明の輝きを放っていることを悟られた。

その悟りはサンスクリット語の音写で、阿耨多羅三藐三菩提《あのくたらさんみゃくさんぼだい》、無上正等覚《むじょうしょうとうがく》（この上ない正しい悟り）と訳されています。お釈迦さまのこの悟りが二五〇〇年の時を経て受け継がれてきた。これを自分自身の上に実現することが仏教の目的です。

目覚めようとする心を発すか否かが、人生の幸不幸の分岐点

仏道を学ぶということは、自己を学ぶことです。心身を脱落せしめるとは、真実である仏（悟）が自己に現成（悟りのすがたを現す）する。すなわち天地宇宙である仏と一体となり感応道交《かんのうどうこう》することで、それを万法に証せらるるといいます。自己の執着をすてなければ、万法に証せられることはありません。

自意識をはたらかさず、天地宇宙と一つになる、坐禅は修行であり悟りです。姿勢を正して、しっかりと大地に自分の身を調えて、息を調えて、心を調えよ、お釈迦さまはよく調えし我が身こそ仏なりとお諭しになられました。

混迷の時代を生きぬくためには、世相に翻弄されず、ほんとうのところを見失わないように眼を見開くことです。自身の仏心を覚まさずして、他に幸せを探し求めても、空虚なものを追いかけているにすぎません。自分自身の仏心を覚まそうと努力するところに、人生は楽しいものとなるでしょう。

人生、一生修行であり、修行こそが悟りすなわち目覚めです。目覚めようとする心を発すか否かが、人生の幸不幸の分岐点となるでしょう。

毎朝一番に、背筋伸ばして姿勢を正し、肩の力を抜きゆっくりと息を数回吐く

人はストレスを感じて日々生活をしています。すこし時間があれば、坐禅のように足が組めなくても、正座でも椅子でもいいですから、五分でも十分でも静かに坐って、背筋伸ばして姿勢を正し、肩の力を抜き、呼吸を調える。お腹の底からゆっくり吐き出す呼吸法でリラックスする。そんな一時を持つことをおすすめします。

ご家庭にお仏壇があれば、朝一番に真っ直ぐに線香一本を立てて、その前に坐って手を合わせ祈る。お仏壇がなければ朝一番に正座して姿勢を正し、息調えて、静かに手を合わせ、「ありがとうございます」と感謝して、一日の始まりとしたい。

幸福な人生とは、困難に出会い克服することだと人はいいますが、苦悩ほど人間の骨を削り、肉を裂くものはない。しかし、この苦悩を乗り越えて生きるところに人格のたかまりがある。そのためには、苦悩というストレスを解消できればよいのです。

毎朝一番に、背筋伸ばして姿勢を正し、肩の力を抜き、ゆっくりと息を数回吐くことによって、今日一日の始まりに気分が一新します。朝一番の心の体操で今日一日が安らかになり、ストレスを蓄積しない生き方ができる。これがストレス社会を生きぬく術です。

混迷するこの世界で、目覚めた生き方をすることが仏教の目的です

ストレスは身体の疲労や精神的な圧迫感によって体内におこる歪みです。現代人は職場でも、学校でも、地域社会でも、家庭においても、日々何らかのストレスを感じています。また、私たちは自我の欲望のおもむくままに利己的な生き方をしているから、悩み苦しみを自分自身でつくってしまい、それがストレスの原因ともなっているようです。

社会生活をしているかぎり、日常的にストレスから逃れることはできません。ストレスが原因で精神的な不安や悩みをかかえて日々生活をしています。ストレスにつながらない強靱な精神状態を保てればよろしいが、なかなかそうもいきません。ストレスが解消されないと、精神的な不安や悩みはさらに深刻なものになり、身体までこわしてしまい、悪くすると家庭崩壊や人生の破滅につながります。

欲望のおもむくままに生きるのか、仏心を覚まして生きるのかが、ストレス社会を生きぬく幸せの分かれ目のようです。執着による迷いの人生から、生き甲斐が感じられる人生へと転換したいものです。自分を変えること、自己の人格を向上させることが混迷の時代を生きぬく術です。

性に任じれば道に合す

ただこれこころざしのありなしによるべし、身の在家出家にかかわらじ。又ふかくことの殊劣《しゅれつ》をわきまうる人、おのずから信じることあり。いわんや世務《せむ》は仏法をさゆとおもえるものは、ただ世中《せちゅう》に仏法なしとのみしりて、仏中に世法なきことをいまだしらざるなり。

正法眼蔵・弁道話

出家であろうが在家であろうが、ものの道理のよくわかった人は、日常に仏道修行することを専一にする。「仏法は一切法」だから、世の中の務めが仏法をさまたげるということもなく、世の中のありとあらゆるものが仏法で、そうでないというものはない。

いつでも句読点のコンマは打てる

「今朝、私は線路に立っていました、そこへ駆けつけてきた彼が、私を線路上から連れ出してくれた。私は死ぬことができなかった。死んでおれば楽になっていたのに、生きていける自信などないのに私はどうすればよいのでしょうか」そんな相談がありました。

その人はうつ病で十年間苦しみ、自分の彼氏の存在が心の支えとなって生きてきたが、あることでその彼を失ったと思い絶望し、その切なる想いを彼に伝えたのだが、話の内容から悪い予感を感じ取った彼が翌朝、彼女のところに駆けつけた。そして線路上の彼女が彼氏に助けられたということでした。

生きていたいという気持ちがある反面、生きていくことができない絶望感にさいなまれて、自分は線路の上に立っていたという。でも、死んでいたら本人は楽になれたかもしれないが、身内の者や彼にすれば、死なせてしまったという苦しみを引きずって生きていかなければならなくなる。そうでなかったからよかったと、思わなければいけないでしょう。

死んでしまえば終止符のピリオドですが、今、生きていることは人生の進行形ですから、いつでも句読点のコンマは打てる。愚僧へ相談してこられた彼女もひとまずコンマを打って、新たな人生の現在進行形とされることを願っています。生きていくという進行形には常に不安や悩みがつきものです。

性に任じれば道に合す

どんな人でも精神や肉体にいささかの不安を持っています。それで日常的に苦しみや悩みを感じながら生活をしています。そこに仕事や家庭、人間関係、災害や事故、病気、近親の死亡などからくるストレスが加わると、悩みはより深刻なものになり、心身ともに萎えてしまい、日常生活ができないような状態になってしまうことがある。自身の足がいつもしっかりと地についていなければ、気持ちが不安定になってしまうでしょう。

だれかに相談したり、悩みを聞いてもらえればすこしは楽になるでしょうが、根本的な解決にはなりません。それで、人は心のやすらぎや精神的な支えとなるものを求めようとします。

また逆境を克服しようと向上心を奮起して、人格や知識能力の向上を目指す人もある。それが自分に適合するものであれば悩みや苦しみも払拭できるけれど、人によってはかえって心が折れてしまうこともあるようです。

悩みというものは自分流に考えるところから生じるようです。この身このまま、ありのままということを性というが、性というのは無限の過去から無限の未来にわたって変化しない真実真理（仏法）のことで、その性に任せないで自分流に生きようとするから、自分で苦しい思いをしてしまうのです。それで自分に正直であって、何ごとにも執着しなければ「性に任じればば道に合す」で迷うこともないでしょう。

呼吸することは空気を吸うこと吐くことで、空気中の酸素をいただき炭酸ガスを吐きます。植物は炭酸ガスと太陽の光と水で光合成して成長に必要な栄養分をつくります。そして、その過程で酸素がうまれ、それをいただくことで人は生きていける。このように植物と人は生かし生かされ合っています。この世とは、植物と人のみならず生きとし生けるものみなが共生きであり、ことごとくが関係し合って存在しているところです。だから、生きていることは生かされているということでしょう。どんなに悩みが深刻であっても、この世は共生きであることを識れば、孤独の深穴に落ち込むことはないでしょう。

ことごとくが関係し合ってすべてのものが存在している、そういうこの世に生まれてきたということ、そして生かされているということは、存在すべき何かの必要性があるから、生まれてきて、そして生かされているのでしょう。どのようなことで自分をこの世の中が必要としているのか、その必要に合う生き方をしなさいということでしょう。だから自分にとって、その必要に合う生き方とは何かを求め続けたいものです。

花の香りは
風にさからいて薫ぜず
されど、善き人の香りは
風にさからいて薫ず
正しき人の香りは四方にかおる　法句経

世の中には、その人がそばにいるだけで周囲がなごみ
明るくなるような雰囲気を持つ人がいる
私達もそんな人間になれたらよいものだと思うが
これは、善き人のそばには
ちょうど、後光が照らすようにその周囲が明るくやわらぎ
そのかぐわしい香りがほのかに漂い
風にさからってどこにでも滲みわたっていく
私達の周囲にもそんな徳の香りの高い人物はおられるもので
おそらくはそういった方を、仏や菩薩と称するのであろう

第四章

人生の標準時計

幸せを指す三つの針

一、短針は向上心　自己の覚醒を指す

二、長針は慈悲心　利他行の実践を指す

三、秒針は命の鼓動　即今を示す

人生の標準時計には三つの針がある

日本人は古来より命の源である先祖を祀ってきました。命の源から今に至る命の流れと、その命を受け継いでいることに、尊崇と感謝の念をもって先祖を祀ってきました。

先祖祀りは日常の生活そのものであったから、あえて宗教という認識すらしなかったようです。そして先祖を祀り続けることで安心安全の加護があると信じていましたから、生老病死や災害なども自然なこととして受けとめることができました。しかし現代の日本人は、先祖にたいする尊崇と感謝の念が薄らいできており、不安心や悩みをもっている人が多くなってきたようです。

宗教とは、教義や教団の力で世の中を変えるというものではありません。あくまでも自分の生き方を変えることで、幸せを願いもとめるものです。また特異な体験をして特別な能力を身につけることでもなく、一心に名号や題目を唱えて陶酔境にひたることでもなく、瞑想して妄想の闇に身を隠すということでもない。日常に自分の生き方を変えることで悩み苦しみをやわらげ、やすらかな生活ができる、日常生活そのものでなければ、それは宗教ではありません。

この世の真実真理のことを、お釈迦さまは正法眼蔵涅槃妙心《しょうぼうげんぞうねはんみょうしん》（仏心）といわれました。その真実真理の現れを本来の面目（仏性）という。本来の面目とは、人ならば本来の自己であり、真実の自己です。人は生まれる前も、人として生きている今も、死んでから後も仏性そのものです。人は生まれながらに仏性がそなわっているから、そのことに目覚めて、仏心に違わぬ生き方をしたいものです。宗教とは真実真理に目覚めて、日常生活において真実真理に違わぬように生きることで、これを真の信仰というのでしょう。

真実真理の現れである本来の面目（仏性）は、もとから人々の上に豊かにそなわっているけれども、修行しなければ自分の身につきません。煩悩が邪魔して仏性が現れてこないからです。それで煩悩の炎を消して本来の自己を取り戻し、本来の自己に生きることが、人の人らしい生き方でしょう。だから修行とは真実真理に目覚めて、日常生活において真実真理に違わぬように生きることです。

その真実真理の生き方とは、日常的に真実真理に目覚めて生きようとする向上心を常に忘れないこと、そして、日常生活において慈悲の心を失わずに利他の願いを発し、利他を実践することでしょう。共生きのこの世では、自分の幸せを願うならば他を幸せにしない限り自己の幸せはない。これがこの世の道理ですから、自分のことで精一杯で他の人のことまでかまっていられないという人は、いつまでたっても幸せになれない。自分本位の生き方でなく、他を利する生き方でなければ、共生きのこの世では生きていけないのです。

また、過去を引きずっていても、過ぎ去ったことですから元に戻れません。目標や願いをもっていても、未来はわかりません。過去や未来に執着しすぎると不安につながります。一寸先は闇でわからないのが人生だから、けっきょくのところ、現実をよく理解して、今を生きることが無難なようです。未来も、そして過去も人間の頭で思い描いている幻想であって、現実こそが事実だから、今を大切にしたい。

不安や悩みは、未来や過去のことを思うことから始まるようです。どうなるかわからない未来のことを心配したり、過ぎ去った過去を悔やんでもしかたのないことです。したがって、今のこの時を充実させるということでしょう。

人生の標準時計が狂わなければ、自己を見失わず、足は大地を離れずに生きていけるでしょう。人生の標準時計には三つの針がある。短針は向上心です。仏心すなわち本来の自己、真実の自己の覚醒です。長針は慈悲心です。共生きの世での利他行の実践です。秒針は命の鼓動です。生きている今を指し示しています。

宗教の宗とはこの世の真実真理のことであり、その真実真理の教えが仏法です。仏法に人生の標準時計を合わせて自分の生き方として、あるべき生き方をなし、あるべき生き方でないと思えば、生き方を変えればよい。自分の生き方を変えれば生きる楽しみを知ることができる。生まれてきてよかったと常に思える生き方ができておれば、その人は悩みも苦しみもなく、幸せであるということでしょう。

人生の標準時計には三つの針がある
短針は向上心・真実の自己の覚醒を指す
長針は慈悲心・共生きの世での利他行を指す
秒針は命の鼓動・今を指し示している
いずれの針も只今を刻んでいる
生まれてきてよかった
そう思えるならば
人生の標準時計は正確である
いつでも、今が出発点です

かわりゆくことは苦しい
かわりゆくから楽しい
かわりゆくのも美しい
こわれゆくことは苦しい
こわれゆくから楽しい
こわれゆくのも美しい

けれども、苦しい、楽しい、美しいという
そのこだわりを放してしまえば
有ということも無ということもない
身と呼吸と心を調えて静かに坐るところに
自然に本来の面目が現れてくる
それは気楽であり心静かである

一、短針は向上心

自己の覚醒を指す

仏向上《ふつこうじよう》

この法《ほう》は、人人《にんにん》の分上《ふんじよう》にゆたかにそなわれりといえども、いまだ修《しゆう》せざるにはあらわれず、証《しよう》せざるにはうることなし。はなてばてにみてり、一多《いつた》のきわならんや。かたればくちにみつ、縦横《じゆうおう》きわまりなし。

正法眼蔵・弁道話

真実真理とは宇宙そのものです

人間の判断や考えでいかなることを思いめぐらしてみても、しょせんそれは人間の思考や認識の領域におけることであって、真実真理とかけ離れていることが多い。真実真理とは人間の思考や認識のおよばざるところのものであり、端的にあらわせば、それは宇宙そのものです。人はこの宇宙に生を受け生かされて、また宇宙に帰って行く、これが人の一生です。地球が宇宙の塵の一粒だとすれば、人間はそこに生えたカビの一つのようなものです。だから、かまえてみても、こだわってみても、悩んでみても苦しんでみても、カビはしょせんカビにすぎないので、宇宙のカビだと認識すれば気楽に生きられるでしょう。

分別心を離れると真実が見えてくる

人は行き詰まると、ふと、さまざまな疑問を懐きます。生まれてきたこと、生きること、死ぬこと、それが何なのかがわかればよいのですが、わかっていることは今、確かに生きているということだけです。生まれてきたことは、両親の存在があったから生まれてきたのであって、それくらいは理解できますが、何のために生きるのかと問えどもわからない、まして、死ということになると全く理解できません。

その日の天気によって人の心も変わるという。晴れておれば気持ちも晴れ晴れ、雨風が強いと気持ちが沈んでしまう、そういうことかもしれませんが、晴れておればかえって気持ちがおだやかになれず、雨や曇りが落ち着くという人もあるようです。晴れも曇りも、雨も嵐もいずれも天気です。「雨あられ雪や氷というけれど、とければ同じ谷川の水」です。自分の気持ちが浮き沈みしているだけであって、いずれであろうが晴れも雨も天気です。雨だ晴れだと、好きだ嫌いだと、そういう分別心が心を乱すもとです。雨も晴れも天気なり、好きも嫌いも心一つの分け隔て、腹も背も体一つの表裏なり。自分の気持ちが揺れているから、真実が見えないのです。

悟りに始めなく修行に終わりなし

人間は虚栄心や損得心のためにうろたえている。虚栄心をもとうとするから、ことさらにかまえて、肩肘張らなければならなくなる。また、ものごとを利害損得で受けとめて行動しようとするから、なにごとも損か得かの選択で判断してしまい、ことごとくが欲望の淵で一喜一憂してあがきもだえることになる。だが欲は苦しみの根源だが、生きる活力でもあるようです。

本来の自己を知らないのが、欲の入れ物である自己という凡夫です。凡夫も本来は仏だけれど、凡夫が自己を見失っているかぎり凡夫であって、自己を知りさえすれば凡夫でなくなる。だから、自分は凡夫であるということを認識して、坐禅すなわち仏のまねをするとだれもが仏となる。坐禅することで仏法が身についてきます。飯を食ったり掃除したり、これも修行となれば仏法が身についてくるから、凡夫が仏となる。坐禅しているとしだいに人格が高まり、新しい人生観もうまれるでしょう。

大自然のもとでは人間の存在はちっぽけなものです。宇宙というこの世に今、生かされている私たちは、宇宙の塵である地球に付いたカビにすぎないことを常に認識して、おごりたかぶらないことです。

人は一人で生きているのでなく、大宇宙に生かされて生きている。大宇宙に生かされている自分を実証することが坐禅です。人が坐禅すれば、自分が自分でなくなって、大宇宙になる。一人が坐禅していることは、宇宙いっぱいの自分になることだから、宇宙が坐禅しているのと同じです。坐禅することで宇宙いっぱいの自分であることが実証される。それで道元禅師は人は真実人体であるといわれた。

自己に具わっている本来の面目のことを仏性といいます。だれもが仏性を具足しているのであるが、なるほどと承知できないで、自分のほかにもっといいものがあると妄想ばかりしています。そのこだわりをはずさないと真実人体になりきれません。

無量無辺の宇宙とぶっ続きの坐禅を修行すると、本来の面目が実現する。本来の面目は修行していれば露（あらわ）になる、それは坐禅（修）がそのまま悟（証）りだからです。天地いっぱいの身を今、宇宙いっぱいに使うことが、生きるという意味でしょう。

無限の宇宙の中でわれわれが生活しており、やれ過去だ未来だ現実だといっています。

向上とは本当の生き方をすることで、仏の正しい法を求めて止まない修行のことです。仏向上とは、悟りに始めなく修行に終わりなしで、さらに向上につとめよということです。

精進

行《ぎょう》の招く所は証《さとり》なり、自家《じけ》の宝蔵外《ほか》より来たらず。
証の使うところは行なり。心地の蹤跡《しょうせき》豈《あ》に回転《かわ》るべけんや。

道元禅師・学道用心集

時の過ぎゆくのがなんと早いことかと感じさせられることがあります。平素は自分のことを振りかえる余裕すらないのかもしれません。子育てや仕事のこと、さまざまなことに追いまくられ、ただその日その日を生きているという人も多いでしょう。振りかえる余裕すらなく、立ち止まることもなく、もくもくと日々を過ごしていることが幸せであるのかもしれません。

でも、苦しいこと悲しいことが続きますと、「何のために生まれてきたのか、何のために生きているのか」、ふと、こんな疑問を自分自身に問いかけることがあります。でも自分に問いかけてもなかなかその答えは得られません。

生滅

時は刻々と過ぎて、世のことごとくが常に変わり続けている。実在する万物一切が瞬時たりとも同でなく変わり続けている。この真実の姿（実相）を、お釈迦さまは諸行無常《しょぎょうむじょう》といわれた。

自分にとって大切な人、親しき人がこの世から去っていきます。また、死別のみならず人との生き別れもあります。天変地異は大自然のなせることといってしまえばそれまでですが、被災して死ぬかもしれません。

庭の木が生気をなくして、とうとう枯れてしまった。また、かわいがっていた猫や犬が死んでしまったとか、植物は枯れる、動物は死ぬという。表し方は異なるけれど、この世に生を受けたものは必ず滅していく。このことは頭ではよく理解できているはずですが、そして生滅は世のならいといえ、やはり悲しいことです。

人の命も、見えるもの聞こえるもの、この世に実在しているいかなるものも、さまざまなことがらが関係し合ったからこそ、この世に生まれてきました。そして生まれたものは必ず滅します。この真実の姿を、お釈迦さまは諸法無我《しょほうむが》といわれた。

往く道は精進にして、忍びて終わり悔いなし

高倉健さんは国民的な人気俳優であった。人々に慕われ日本の映画史に輝かしい足跡を残されました。映画の撮影を通して心のふれあいを大切にされたから、映画を見る人にとっても、登場人物を演じる俳優さんの心が伝わり、そこに感動があった。

高倉健さんは「優しさの心」こそ、大切であるとされた。優しさの心があれば、人と人の関係も、国と国、人と自然、人類と地球環境、どの関係においても、善きつながりが保たれるといわれた。「優しさの心」それは、口数少ない高倉健さんのつぶやきである。経済原理や政治力学が優しさを失わせることを、声なき声として示唆されたのです。

高倉健さんは、若い頃は義理と人情の任侠もの映画が多かったけれど、熟年になられてからは、「なぜこの世に生まれてきたのか、何のために生きているのか」という、人間の本質とか生き方の根本を問いかける作品にとりくまれたようです。

比叡山の大阿闍梨・酒井雄哉師は、「往く道は精進にして、忍びて終わり悔いなし」という言葉を高倉健さんに贈られたそうです。高倉健さんは映画の一本道を歩まれ「往く道は精進にして、忍びて終わり悔いなし」を自らの末期の言葉とされました。

日々精進、人の一生は修行です

お釈迦さまはこの世の真実の姿（実相）を諸行無常であり、諸法無我であるといわれたが、人間は煩悩によって認識するから、あらゆることに妄想してしまう。だから、煩悩の炎が吹き消されたとしたら、「何のために生まれてきたのか、何のために生きているのか」という疑問も解消するでしょう。それでお釈迦さまは、妨げているところの煩悩の炎を滅除して、早く解脱の道を求むべしといわれました。煩悩の炎が吹き消され、真実の姿（実相）が露わになった境地を、お釈迦さまは涅槃寂静《ねはんじやくじょう》であるといわれた。

煩悩の炎は消せども消せども尽きないけれど、煩悩の炎を滅除して真実に生きることが精進です。人の一生は真実に即した生き方をしようとする修行であるべきであり、日々が煩悩の炎を滅除する精進の積み重ね、行です。「行あるところ証あり」「証（悟）に始めなく、修（修行）に終わりなし」、日常が証（悟）であり修（修行）です。

姿勢を正し、息を調え、心意識の運転をやめ、念想観の測量《しきりょう》をやめて、静かに坐り、あらゆる執着を放下《ほうげ》する。時には忙中閑ありがよろしいようです。

「往く道は精進にして、忍びて終わり悔いなし」と締めくくれたらよいのでしょう。

菩提心《ぼだいしん》

龍樹祖師曰《のたまわ》く、ただ世間の生滅無常を観ずる心もまた菩提心と名づくと。然らば、乃《すなわ》ち暫くこの心に依るを菩提心と為すべき者か。

道元禅師・学道用心集

名聞、利養の心を捨てる

「滑っても転んでも登る富士の山」ですから、悩みながら生きていくのが人生かもしれません。ところが悩みながらも生きていければよいのですが、精神的に沈んでしまうと一歩を進める気力すら萎えてしまう。これではいけないと思えば思うほど、自分ではどうすることもできない、そんな状況に陥ってしまうと生きていくのがつらくなる。

我執を離れて、悩み苦しまなくてもよい生き方をしようと、自分で発願することが、悩み苦しみのない解脱への道につながります。これを菩提心をおこすといいます。出世や金儲けをして長生きしても、せんないことで、本当の生き方をしなければ、何にもならないと心に決めるべきです。名聞、利養の心を捨てないと菩提心はおこせません。

無常を観ずる時は、吾我の心起こらず、名利の念起こらず

煩悩を断ちきり涅槃（悩み苦しみ無きところ）に至る道が仏道です。でも煩悩を断ちきることは難しい。そのためにはまず無常を観じる心をもつことです。無常の風が吹くと出世や金儲けは少しも役立たず、知識にとらわれても意味のないことです。

人間だけでなく、この世のことごとくが生まれ変わり、死に変わりしている無常の世にあることを観じたならば、我執を離れ名利を離れて、はじめて本物にふれることができるようになる。

無常を観じたら光陰の速やかなることをおそれるから、つまらぬことに心も動かない、今しかないから呑気にかまえていられないと思うようになる。無常に徹していなければ、名利の落とし穴にはまり、本当の仏道になりません。無常を観じることで我執を離れ、真の自己に目覚めることができます。生滅無常を観じる心も菩提心です。

人間はとかく損得でものごとを認識し行動してしまう。ところが、この世は損得で成り立っていないから、川の流れに逆らうと流されてしまう。川は高きより低きに流れ行く。この世の真理を「法」という。釈迦牟尼仏の悟られた真理（法）ですから「仏法」です。

新しい私を生きる

悩み苦しんでいる人がとても多い。精神的な苦痛がその人にとって大きなストレスとなり、心身に支障をきたすことになります。ではどうすればうまく乗り越えていけるのか、また苦痛を和らげることができるのかということです。

ロダンの作品に「考える人」というのがあります。悩み苦しみの自分の姿は、まさにこの「考える人」をイメージしたらよくわかるでしょう。ほおづえついて、下向きに考え込んでいると、どんどん気持ちが沈んでいく。だから、その姿勢を変えるべきです。

いつでも、何処でもできるから、時々、背筋伸ばして肩の力ぬいて、ゆっくりと息を吐く。呼吸とは吸うて吐くでなく、吐いて吸うです。呼吸方法を変えるだけでも、気分が落ち着きます。生き方を変えるとは、姿勢正しく肩肘張らず息の仕方を変えることです。

一呼吸で自分の古い細胞が死んで、そして新しい細胞が生まれます。だから、一呼吸の前と、後とでは自分が新しい私になっています。なのに、頭はちっとも変わらない私であれば、過去にこだわってしまいます。これが悩み苦しみの自分です。それで過去を引きずらないで、常に新しい私を生きるべきです。

日々是仏道

仏教とはこの世の真理（仏法）そのものですが、その解釈を間違えると、仏法からそれてしまいます。すべてに縛られているから自由になれないが、これを離れて本来の自己の尊さに気付くことを解脱という。天地いっぱいの自分のことを本来の面目（めいめいがもともと具えている真実のすがた）といいます。本来の面目を現成（仏法の真実がいまここに実現する）させる生き方をお釈迦さまは教えられた、これが「仏道」です。

自己の思量分別のはたらきによらず、自分を離れる、道元禅師は自己をわすれるといわれたが、小さな自己という執着心から離れて、天地いっぱいの自己になれば、ものの本質（真実の姿）を見失うことはないでしょう。

朝、目覚めたらまずその場でちょっと坐ってみる。背筋伸ばして顎ひいて肩の力ぬいて、お腹の底からゆっくり息を吐くこと数回、そして、自分に言い聞かせます「今日は良いことがある、悪いことは起こらぬ、過去は考えない」と。それから歯を磨いて顔を洗う、鏡に映る自分の顔を笑顔の顔にして、今日一日の顔とします。

時間の使い方は命の使い方です、日々是仏道です。

因果《いんが》の道理《どうり》

おおよそ因果の道理、歴然《れきねん》として私なし。造悪《ぞうあく》のものは堕《お》ち、修善《しゅぜん》のものはのぼる、毫釐《ごうり》もたがわざるなり。

正法眼蔵・深信因果

不昧因果《ふまいいんが》

中国は唐の時代のお話です。百丈懐海和尚の説法の席に一人の老人がいて、いつも修行僧とともに聴聞していた。説法が終わって、修行僧が退席すると老人も退席していった。ところがある日のこと、老人は退席せずにとどまっていた。そこで百丈懐海和尚はその老人に、「おまえさんは誰だ」と問うた。すると、老人は、「かつてこの山に住んでいたとき一人の修行僧が私にたずねました。『大修行をなしとげた人でも、やはり因果に落ちるのでしょうか』と、私は『不落因果（因果に落ちない）』と、そのように答えたために、その後五百生のあいだ野狐の身に堕ちてしまったのです」と、そういった。

野狐が老人に化けていたのです。老人は「野狐の身を脱したいので、一転語をいただきたい」といった。一転語とは、たった一言で迷いを転じて悟りに入らしめる言葉です。そこで百丈懐海和尚は「不昧因果（大修行をなしとげた人は因果をくらまさない）」と答えた。それを聞いた老人は言下に大悟して「おかげで私は野狐の身を脱することができた」といって礼拝した、というお話です。

不落因果とは因果に落ちないことで、因果の否定です。不昧とは、道理にくらくない、明らかであることから、不昧因果とは因果の肯定です。なぜ不落因果と答えて野狐の身に堕ち、不昧因果と聞いて野狐の身を脱することができたのでしょうか。

因果の道理を違えていたから、長い間、野狐は迷いの身から脱することができなかったが、不昧因果の一喝を聞いて、野狐は迷いの身を脱することができたという。老人に化けた野狐の寓話で百丈懐海和尚が因果の道理を説いたというお話です。

ものごとを生じさせる直接の原因を因といい、間接的な原因で因に加わる事情や条件を縁といい、それによって生じることを果という。そして、因が果に及ぼす力を業《ごう》という。業とはサンスクリット語のカルマンの訳語で、行為を意味します。一つの行為はかならず善悪・苦楽の果報をもたらす。すなわち善因善果、悪因悪果です。

因は果を知らず

この道理を喩えであらわすと、こういうことです。一粒の種がある、これを因とすると、畑を耕して種をまき、水や肥料を施す行為、すなわち業の力を縁として、芽が出て花が咲き、実を結ぶ、これが果です。縁の働き具合で果も大きく違ってくる。悪い因でも善縁が加われば善い果が得られ、善い因でも悪縁が加われば悪果となる。

植物の種のみならず、人もこの法則に準じます。善きにつけ悪しきにつけ一つ一つの行為（業）の積み重ねが今の私を造っています。しかもその果がそのまま果で終わるのでなく、また因となって、そこに縁が加わり、さらなる果を造っていきます。これを因果律といいます。この因果の道理はお釈迦さまの教えの根幹をなすものです。

大修行底の人であってもこの因果律を免れることはできません。すなわち因果は否定できないのに、不落因果だと妄想したがゆえに野狐の身に堕ちたというのです。野狐の話は因果の道理を説くための百丈懐海和尚の作り話ですが、そもそも人が野狐の身に堕ちることなどありませんから、野狐は野狐であって、人は人です。百丈懐海和尚は、このように野狐の話をもって因果の道理を説かれました。

三時業

仁愛のものは短命で、粗暴のものは憎まれもの世にはばかるで長生きする。道に背くもの、邪に上手に振る舞えるものが得をして幸福を得、正しいものが損をして不幸をみる。などと因果応報はないのだと主張する人もあるようですが、けっして因果の道理は否定されるものではありません。

業報とは善悪の業因によって受ける苦楽の果報のことです。善悪の行為（業）はかならずそれを行った人自身に報われるが、その報いを受ける時期によって三つに分かれるといわれています。すなわち三時業とは、行為を行った直後に報いをうけるものを順現報受《じゅんげんほうじゅ》、その人の生涯のあいだに報いをうけるものを順次生受《じゅんじしょうじゅ》、次の世、来世で報いをうけるものを順後次受《じゅんごじじゅ》という。このことわりを知らなければ悪道に堕ちて、長い間の苦しみを受けることになる。

野球の清原和博選手が麻薬におぼれた。強い自分を意識しすぎると、強くない自分に負けてしまう。それで入れ墨をしたり虚勢をはって見栄っ張りをするけれど、強くない自分に負けて麻薬に手をだした。強い自分であっても、弱い自分であっても、いずれでもよいではないか、弱い自分であってもそれを受け入れたら、自分らしい自分であることがわかる。それができないから、清原選手は麻薬に堕ちてしまった。

野球選手の間では賭け事が日常的だという、相撲界でも過去に賭け事が流行っていた。いずれも自分で自分の足をかじっているようなもので、そのうち歩けなくなってしまう。

だが人は道を違えて悪業をなしたとしても、悪かったという懺悔《さんげ》の心をおこせば過去の悪業の報いは軽くなり、あるいはまったく滅して心が清らかになる。そして精進努力しようという気持ちが高くなれば、自分のみならず多くの人々にも善の影響をあたえるようになります。

「今の世の、因果を知らず、業の報いを明らかにせず、三世を知らず、善悪をわきまえないようなものどもの仲間入りをしてはならない」と道元禅師は教えられた。因果律はあくまでも自分の生き方にかかわることで、三時の業報も自分自身の問題です。生きているのは今であって先ではないから、今、善業を積む生き方を心がけたいものです。

もろもろの善いことを、限りなく努力し実行することを精進といいます。善業はこれを喜べば、いよいよ人は向上し成長するでしょう。

因果の道理、歴然として私なし

因果の道理を否定するものは、途方もない邪見をおこしてついには善の根っこを断ち切ることになる。因果の道理はきわめて明白であり、そこには私心の余地などありません。悪を造るものは堕落し、善を修めるものは向上する。寸分もたがうことなく、因果の道理は厳然として存在しています。

不落因果とは因果を否定することで、そのために悪道に堕ちる。これに対して、不昧因果とは因果を深く信じることであり、悪道さえも脱することができる。因は果を知らずで、因果の道理を信じてそれに執着せず、本当のことをすれば、自分のため人のためになるということです。今生のわが身は二つ三つあるわけではない、ただ一つ、一度きりの人生です。それなのに、いたずらに邪見に堕ちて、むなしく悪業《あくごう》に報いられるということは惜しむべきことです。自ら悪を造りながら、それを悪でないと思ったり、あるいは悪の報いなどあろうはずがない、などと間違った考えを起こすことも、悪の報いを受けることになるでしょう。すなわち、正直に生きるべしということでしょう。生きているというのは今の一瞬だから、善業《ぜんごう》を修する生き方を切れ目なく続けることが仏道です。

除我慢《じょがまん》

仏性《ぶっしょう》の道理は、仏性は成仏《じょうぶつ》よりさきに具足《ぐそく》せるにあらず、成仏よりのちに具足するなり。仏性かならず成仏と同参《どうさん》するなり。この道理、よくよく参究功夫《さんきゅうくふう》すべし。

正法眼蔵・仏性

仏性（一切衆生が本来もっている仏となるべき性質）の道理は、仏性は成仏（仏となること）より前にそなわっているのではなく、成仏してのちにそなわるということです。仏性は必ず成仏と同時に現れる。この道理をよくよく参究功夫（参禅して仏法を究める）すべきです。

牛や馬、犬、猫は感情を表現する

日本ダービーで優勝したキーストンという競走馬がいました。昭和四十二年の阪神競馬場のレースで先頭を走っていたが第四コーナーで脱臼して騎手を振り落としてしまいました。競走馬は暴れてもおかしくないところですが、三本足で激痛に耐え、よろけながら気を失っていた騎手のもとへ戻ってきて、痛い膝をついて安否を気遣うように鼻面をすり寄せたそうです。

やがて騎手は気絶からさめ、目の前にやさしい目をしたキーストンの顔があるのに驚きました。キーストンは左第一関節完全脱臼で予後不良と診断され、直後に安楽死の処置がとられました。これは騎手と馬との悲しくも美しい物語です。伝説の名馬キーストンの感動物語として、今に至るも語り伝えられています。

高齢化社会では、パートナーを亡くした人が残ることになります。子供があっても同居していないので、一人住まいが多くなりました。それで犬や猫を飼っている家が増えました。その犬や猫はペットという存在を超えて、大切な家族として飼われているようです。悲しいとき辛いとき、犬や猫は飼い主の気持ちを受けとめて、愛嬌をふりまいてくれます。そして裏切らないから、信じ合える相棒です。日々の生活において悲しみや喜びをともにして、気持ちが通じ合う、かけがえのない存在になっています。

馬や牛は農耕や運搬のために、そして犬も、猫も、太古から人間とつきあってきた生き物であり、人間と共生してきた生き物です。こうした生き物と艱難辛苦の生活をともにしていると、喜怒哀楽の感情のやりとりがあるから、飼い主の気持ちを読みとっていると思われます。それで、牛や馬、犬、猫に仏性が有るのか無いのかと問うことになります。

狗子仏性

中国は唐代の話です。南泉普願禅師の法を嗣いだ趙州従諗和尚にある僧がたずねました。「狗子に還って仏性有りやまた無しや」（狗子にも仏性が有るか無いか）と。狗子とは犬であり、犬にも仏性があるかどうかと一僧がたずねたところ、趙州は「無」と答えました。仏性とは一切衆生が本来もっている仏となるべき性質で、仏の心・仏の命です。狗子に仏性有りというのも、仏性無しというのも、有り無しというこだわりにすぎません。有る無しは分別心そのものであるから、分別心があるかぎり仏性の有無は解し難い。それで、有る無しを離れるべしと、「無」であると答えたのです。

このように「犬にも仏の命が宿っているのでしょうか、あるいは、ないのでしょうか」という問いに、趙州和尚は「無」と答えました。

また別の僧から同じ質問を受けて、今度は「有」と答えています。相反する答えをしたのはどういうことでしょうか。それは無といい、有という概念にとらわれている相対的認識を超えなさいという戒めです。

有とは何か、無とは何かと詮索すると、迷路にはまり込んでしまうから、心のやすらぎを得ようと思うならば、有と思い無と思う対立的認識をしないことだということです。

同じく南泉普願禅師の法を嗣いだ長沙景岑和尚にある僧がたずねた。

「ミミズが斬られて二つとなりました。両頭とも動いています。いったい仏性はどちらにあるのでしょうか」と。

長沙和尚は「莫妄想《まくもうぞう》」妄想してはならないと答えました。

有りというのも、無というのも、動というのも不動というのも、ともに分別であり、ミミズを半分に切ってそのいずれに仏性があるのかと、それを問うても意味の無いことです。凡夫の立場からいう相対的な「ある」「なし」では仏性は理解できません。我執すなわち自己への執着心を除かないかぎり、妄想の迷路を抜け出ることができないからです。

仏性の語は「涅槃経」に「一切衆生悉有仏性（いっさいしゅじょうしつうぶっしょう）」とあります。仏性は衆生が本来有しているところの、仏となる可能性であり、仏の本性です。ところが、この衆生のうちなる仏性は、煩悩にかくされて、凡夫には仏のはたらきが現われていないのです。

人工知能ロボットに、仏性が有るか、無いか

人工知能が飛躍的に進化しています。

人工知能に将棋の名人が負けてしまいました。人工知能の多機能の機械が製造部門で稼働しています。人工知能ロボットが教育の現場で人に教えています。人工知能の店員が販売サービスの業務に就いています。公道に自動運転車が走り出しました。人工知能搭載の兵器が戦場に投入されています。核爆弾発射ボタンを人工知能が受け持つようになると、恐ろしいことです。

新製品のスマートフォンが不具合を起こしたが、人工知能が開発したソフトによる製品であるために、原因が人間の能力では解明できなくなってしまったということがすでに発生しています。

やがて人工知能で人間の感情をも読みとれるようになり、俳句や川柳を詠むロボットも出現するでしょう。日常生活の場でも人工知能が便利さを受け持つようになってきました。そのうち人の感情を理解する能力を持つ人工知能ロボットが、高齢者の介護や生活介助のみならず、一人暮らしの寂しさや、悩み苦しみを癒やす同居人になるでしょう。犬や猫は裏切らない相棒であるけれど、生老病死の苦しみや悲しみをともないます。けれども人工

知能のロボットの相棒にはそれがありません。

淡雪はあたりの景色を一変させてしまいます。さらに雪が深く降り積もると、枯れた草木も石も、ここもかしこも、白一色の無垢清浄の光に変わってしまいます。雪を破って寒梅が香を放つところ、あたり一面が清浄で、不染汚《ふぜんな》の世界です。やがて雪が溶けるとまた草木も石も、もとの姿を露わすが、不思議とかがやきに満ちています。あたたかな日の光が雪を解かして、草木も石も、みずみずしくかがやかせるからでしょう。自然のありさまは、そのままに仏性です。

衆生とは、人はもちろん、牛や馬、犬、猫など、生きとし生けるところの有情の生物です。そして、有情のみならず、道元禅師は「草木国土これ心なり、心なるが故に衆生なり、衆生なるが故に仏性有り」と、草木土石、山も川も、すなわち無情のものも衆生であると、「一切衆生悉有仏性」を説かれました。

人工知能を有情とするか、無情とするかはさておいても、人工知能ロボットに仏性有りや無しやと問いかける日がいずれ来るでしょう。

汝《なんじ》仏性《ぶっしょう》を見んと欲せば、先ず須《すべか》らく我慢《がまん》を除くべし

趙州の「狗子仏性」の「無」とは虚無でもなければ、有無相対の無でもない。

禅を参究（参禅して仏法を究める）するには、心意識の分別心を断ち切ることができなければ、妙悟を得ることができないとされています。それで分別心を完全になくしてしまおうと「無」の一字のみをとりあげて、「無」という文字の概念に迷わされず、身につけた知識をすべて吐き捨てるために「ムー」と息を吐くことで全霊を集中させようとする修行法もあるようです。

「人間は幸福であることがこの世の第一のことであるから、いたずらに仏性を説いても、だれも見たものがないではないか」と。

その問いに答えて龍樹尊者は、「仏性を見ようと思うならば、まずは我慢を除くべきである」といいました。我慢とは現代の日本語では、たえしのぶとか自己を抑制するという意味になっていますが、我慢は煩悩の一つで、強い自我意識から生じるところの慢心のことです。自己に執着すること、すなわち我執から起こるとされている我も慢も除かれておれば、そこに仏性が現れているということです。

仏性とは、人間に本来具わる自性清浄心《じしょうしょうじょうしん》であり、凡夫・悪人といえども所有しているよ

うな仏心（慈悲心《じひしん》）だとされています。ところが、有るとか無いとか、頭でこねまわして、分別や感覚で考えてみてもわかりません。仏性は理解するものでないからです。

姿勢を正しくして、肩肘を張らず、呼吸を調えて坐ります。しばし心を鎮めて端坐するところに本来の面目である仏性が現れます。

「この法は、人人の分上にゆたかにそなはれりといへども、いまだ修せざるにはあらわれず、証せざるにはうることなし」と道元禅師はこのように説かれました。

「狗子にも仏性が有るか無いか」ということの意味は、犬に仏性が有るはずだと、また無いはずだというのではなく、「十分に修行のできた人でも、さらに修行するのだ」ということです。

自己に仏性が具わっているのだということを自覚しているのか、あるいは、まったく認識せずに日々を過ごしているのか、それによって生き方がおおいにちがってきます。すなわち自性清浄心・慈悲心に満たされた真実人体が自己であるとするならば、日々に自己の生き方を充実させようと心がけるからです。

無《む》情《じょう》説《せっ》法《ぽう》

またはなはだ奇なり、またはなはだ奇なり、無情説法、不思議なり。
もし耳をもって聞かば終に会しがたし。
眼処に声を聞いてまさに知ることを得ん。

道元禅師・永平広禄

「無情」は人間のような感情や意識をもたない存在という意味です。山川草木をはじめ天地自然のすべてが仏法（真理）を説いている、これを無情説法という。宇宙にある存在がすべて仏法を常に説き続けていますが、だれでもその説法が聞こえるとは言い難い。ではどういう人がそれを聞くことができるのでしょうか。

無情説法が聞けたらすばらしいことですが、無情説法は思量することができません。もし耳で聞いたなら、いつまでたってもわからない。眼で声を聞いて、すなわち心身を挙して聴取してはじめてわかることです。見るのではなく、見えてくるものがある、聞くのでなく、聞こえてくるものがある、それが無情説法です。

微生物のおかげです

大村智・北里大特別栄誉教授は、ノーベル医学・生理学賞の受賞決定の喜びを語られた。「私の仕事は微生物の力を借りているだけ。私自身が偉いことを考えたりしたのではなく、全て微生物のやっている仕事を勉強させていただき、本日まで来た」と記者会見で話されました。

感染症の研究で多くの人々の健康を守った日本の研究者が、科学界で最高の栄誉に輝いたのです。大村氏は、抗寄生虫薬「イベルメクチン」のもとになる物質を発見された。途上国の寄生虫病患者に年一、二回使用することで、失明を防ぐ薬の開発につなげた業績が、高く評価された。イベルメクチンは年間二億人以上が使っているそうです。

「人のためになることを考えなさい」と、子供のころ祖母に繰り返し教えられた。「人のために・・・」の信念が研究の根底にあると話された。

また「人と同じ事をやってもダメ」。

自身の研究についても「やったことはだいたい失敗してきた。でも、びっくりするくらいうまくいくときがある。それを味わうと何回失敗しても怖くない」と、学生に話された。

大村氏が自然界に存在する抗生物質の探索に本格的に乗り出したのは、米国留学から帰国して北里研究所に研究室を持った一九七三年です。翌年、静岡県内で採取した土から新種の放線菌を発見し、菌が生み出す未知の抗生物質を見つけた。

一九七九年に学会で発表した「エバーメクチン」はその後、寄生虫が引き起こす家畜の感染症の特効薬となり、アフリカや中南米で毎年三億人を超える人々を感染症から救うことになったのです。

何億年という時の流れを経て土ができた。土には生きものの生き死にの歴史があり、微生物がこれに関係している。一粒の土にも数えきれないさまざまな微生物がいて、それぞれに個性がある。ある微生物の個性を発揮させることで特定する細菌が消滅する。それは希有なことですが、微生物の個性を薬として用いることで人や家畜の命を救うことができた。微生物は人間の手でつくれないから、大村智氏は微生物を特定して、その橋渡しをされたのです。

目に見えない微生物「空」から薬「色」がうまれて病を治癒する。病が癒されると薬「色」の草冠がとれて、苦痛は消滅して楽「空」になる。

ニュートリノに質量

スウェーデン王立科学アカデミーは、二〇一五年のノーベル物理学賞を、東京大学宇宙線研究所所長の梶田隆章氏とカナダ・クイーンズ大学名誉教授のアーサー・マクドナルド氏の二氏に授与すると発表した。

梶田氏は物質の最小単位である素粒子の一つ、ニュートリノに重さ（質量）があるのを初めて確認した。これまでの素粒子物理学の常識を覆し、宇宙や物質が誕生した謎の解明に迫る業績が評価されたのです。

ニュートリノは物質とほとんど相互作用せず、どんなところも素通りする。一九五〇年代に発見されて以来、様々な実験によっても質量の存在が確認されず、質量ゼロと長らく考えられていた。

それが覆ったのは一九九八年。東京大学宇宙線研究所の二〇〇八年に死去した故戸塚洋二博士と梶田隆章博士（現・同研究所長）が、岐阜県の神岡鉱山の地下千メートルにある実験施設「スーパーカミオカンデ」で、ニュートリノが質量を持つことによって起こる、「ニュートリノ振動」という現象を発見したのです。

宇宙の起源に関わるもので、あらゆる物質をも突き抜けていくニュートリノの存在が認められた。人間の設けた装置によってその存在が実証されたことは、宇宙の起源の謎を探る上で重要な発見です。

無から宇宙が生まれたのか、そもそも質量が存在しているのが宇宙なのか、膨張する宇宙には果てがあるのか、宇宙に始まりがあり終わりがあるのか、人間の知識や能力ですべてを認識することは不可能かもしれません。

梶田氏は物質の最小単位である素粒子の一つであるニュートリノに重さ（質量）があるのを初めて確認された。人間が設けた装置「スーパーカミオカンデ」により実証された。聞こえないものを見る、見えないものを聞く、人間の思量分別や心意識のはたらきを超えたところに、宇宙の起源の謎を探る上での重要な発見があったのです。ニュートリノがあらわになったということです。

その存在が「空」であるニュートリノに質量「色」があることが確認された、あらわになったニュートリノ「色」は一瞬にして「空」に帰す。

この世の中はすべてが「空」であり、すべてが「色」です。「空」は即ち是「色」、「色」は即ち是「空」です。

峯の色 谷の響きも皆ながら 吾が釈迦牟尼の 声と姿と　道元禅師

霊雲志勤禅師は永年にわたる修行の末、ある日、桃の花とともに悟られた。見るものにとって桃の花は綺麗でも、桃は綺麗を自己主張して咲いているわけでもなく、ただ春風に吹かれて開花したのです。まさに今ここに桃（仏・真理）が花開いている。何もない枝「空」に蕾が生じ、春風に誘われて桃の花「色」は開き、花「色」はまた散り「空」に帰す。

庭掃除で掃いた石が竹にあたって音がした。香厳智閑禅師はこの音とともに開悟された。黙々として掃き掃除をしていたら、飛んだ石が竹にあたりコチンと音がした。聞こうと思っても聞こえるものでもなく、それは静寂「空」を破る音「色」であった。今ここに音（仏・真理）が声を発した。一瞬のことで音「色」は消えてもとの静寂「空」に帰した。

この世は無情説法（仏法・真理）であふれている。思量分別の働きによらず、すなわち非思量・無分別のところにおいて、はじめて仏（真実）にふれることになる。

天地の語る声をどのように聞くのか、執着心を放れてはじめて無情説法を聞くことができる。無情説法を聞いていると、悩み苦しみも解きほぐれるでしょう。日常の生活において、時には心静かに無情説法に目を耳をかたむけたいものです。

愚《ぐ》の如《ごと》く魯《ろ》の如《ごと》し

潜行密用《せんこうみつよう》は愚の如く魯の如し、
只能く相続するを主中の主と名づく。
宝鏡三昧

瓦を磨いて鏡となす

南嶽懐譲禅師のもとで修行していた馬祖道一禅師に、南嶽が「坐禅をして何をするか」と問うた。馬祖は「成仏しようと思う」と答えた。すると、南嶽は瓦を一枚持ってきて磨きだした。そこで馬祖は「瓦を磨いて何されるのか」と問うた。南嶽は「瓦を磨いて鏡となす」と答えたので、馬祖は「瓦を磨いても鏡にならず」と問い返すと、南嶽はすかさず「坐禅して仏となるのか」と言い放った。

「瓦を磨いて鏡となす」も、「坐禅して仏となる」というのも、ともに執着する心のあらわれです。馬祖には坐禅して悟りを得ようとする心があった、けれども南嶽はその心をへし折ってしまわれた。「瓦を磨く」とは修行であり、「鏡となす」とは悟るということです。

そもそも坐禅修行をしておることが悟りそのものであるから、瓦を磨き続ける、すなわち坐禅修行を続けるところに、鏡すなわち仏（悟）が現成している。

凡夫が坐禅をしていると、どうしても執着する意識がついてまわる。それは坐禅をすれば何かよいことでもありそうに思えるからです。だが悟りを得ようと思って坐禅をしても、いっこうに悟りを獲得できません。それもそのはず、修行（坐禅）とは悟りへの手段でなく、修行（坐禅）そのものが悟りであるからです。

迷いの根本は執着する心があるからで、人間は何かを得ようと思ってのぼせてしまい、坐禅を悟りの手段であると妄想してしまうようです。

坐禅を行ずることは修行であり、そのままが悟りです。すなわち坐禅は悟るための修行でなく、悟りそのものです。真実真理に突き動かされることを悟るというが、坐禅を行ずるところにおいて、悟りがあらわれている、それを自覚することが肝心です。

坐禅を修行していることがそのまま仏（悟）であるから「悟りに始めなく、修行に終わり無し」です。

修証一等

道元禅師が中国、当時は宋の国へ仏道修行のために渡海された背景には、比叡山でのご修行で生じた疑問の解決があったと伝えられています。

それは、「衆生は本来仏（もともと悟りの本性を具えている）であるならば、どうして仏性を具えているにもかかわらず、発心して修行せよと説くのか」。

この疑問に答えるものが比叡山にはいなかったのです。それで比叡山を下りて建仁寺の栄西禅師のところへ行かれたが、すでに禅師は亡くなっておられた。それで栄西禅師のお弟子であられた明全禅師のもとで修行されたのです。

明全さまが求道のために宋に渡られるということでしたから、道元禅師もかねてより宋への求道を願っておられたので、明全さまにつき随って渡海された。

宋に渡られた道元禅師は、天童如浄禅師の下で身心脱落、脱落身心の大悟をなされた。身心脱落、脱落身心は修行であり証（悟）なり。修行と証（悟）は一つのものであり、修証一等です。すなわち坐禅がそのままに悟りであるということです。

道元禅師は修行と証（悟）を一つのものとして、修証一等であると理解できたことで、かねてよりの疑問が解けたのでした。

道元禅師の帰国後の最初の書、普勧坐禅儀に「身心自然に脱落し、本来の面目現前せん」とある。本来の面目とは自己に本来具わりし仏性を云う。身心脱落、すなわち只管に打坐するところ、脱落身心、すなわち本来の面目を識《し》るということです。

身心脱落は捨てはてること、放下着であり、脱落身心は本来の面目（悟り）そのもの、無一物である。

慧能禅師は「本来無一物」、そのままが悟りの現成であるといい、慧能禅師の弟子である永嘉大師は証道歌で「法身覚了無一物、本源自性天真仏」といわれた。

修行と証（悟）を分けて考えることは誤りである。道元禅師の教えである修証一等とは、修行が証（悟）、修行のほかに証（悟）なし。修行により証（悟）が実現（現成）するとは、只管に打坐することで、そのままが証（悟）の現成であるということです。

坐禅を修行をするところ、そこに証（悟）がある、修行と証は一つのものである。これを道元禅師は修証一等と教えられた。

筆禅一味

愚僧に五十年もの長い間、親しくしていただいた禅僧で、書家でもある和尚が亡くなられた。世壽八十三歳でした。その和尚がご生前中に　所懐という題で、ご自分の心境を書き留められた漢詩が残されていました。

所懐は「竹径如魯、七十六念、筆禅一味、識本来面」です。亡くなられる七年ほど前につくられたものでした。

竹径魯の如し、竹径は竹のこみちのことです。書家ですから竹は筆を、径それは書の道をさすのかもしれません。

愚の如しは、洞山良价禅師の宝鏡三昧に「潜行密用は愚の如く魯の如し、只能く相続するを主中の主と名づく」とありますが、潜行密用（ひそかにひたすらに）、魯鈍の如し、魯鈍とは愚かにしてにぶきことで、歩きなれた竹の小径、筆をとる書の道も、それは愚かにしてにぶきもので、愚の如く魯の如しであるというところでしょうか。

日常を仏道修行と心得て、一歩一歩と八十余年ひたすら歩んでこられました。

道元禅師の教えは修証一等です。それは修行と証（悟）は一つのものであり、書道においても書は修行であり書は証（悟）であるから、書家であったその禅僧は筆禅一味といわれました。書の道も仏道も一つのものであり、筆をとるのも、坐禅を行ずるのも同じであるから、筆禅一味です。

約二〇〇年ほど前に、越後の国に良寛和尚がおられた。良寛和尚は書家であったと伝えられていますが、本人はそのように思っていなかったようです。

良寛和尚は書は人なりですが、書家の書と禅僧の書とは異なるといわれた。書家の書は文字の美を求めるが、禅僧の書は悟りの美を求めるということでしょう。

書家の求める美を仏教流に表せば、変わりゆくものの美（諸行無常）、こわれゆくものの美（諸法無我）であろうか。それにくらべて禅僧の書は悟りの美（涅槃寂静）であり、諸法実相を露《あらわ》そうとする。そこに書家の書とは異なり、禅僧の書には悟りの美があると良寛和尚はいわれました。

筆禅一味のところ、身心自然に脱落し、本来の面目現前（仏法の真実がいまここに実現する）せりということです。書家であったその禅僧の揮毫は、本来の面目を露堂々と現《あら》わしたものでした。

愚の如く魯の如し

道元禅師の教えは修証は一等なりで、修行がそのまま証（悟）であり、修行のほかに証（悟）なしということです。それは行の仏法であり、綿密の宗風だから、料理するのも掃除も、洗面、入浴、用便、喫茶喫飯も坐禅そのもので、それは修行であり証（悟）である。

何ごとにつけても邪念を払拭して、そのものになりきって、それを修行することがそのまま証（悟）であるということです。

歩歩是道場といいますが、日常が一歩一歩の仏道修行です。日常の何ごとにつけても、どういう仕事に従事していても、日々が修行である。日常の喫茶、喫飯の心を平常心といいますが、それは日常がそのまま証（悟）の心でもある。すなわち平常心是道と心得ておくことが大切なことでしょう。

日常が仏道修行の道場だから、モノづくりの仕事、接客業、商業、職人、教師、公務員いかなる仕事であっても、その仕事が修行であり、その仕事を勤め続けることがそのまま証（悟）に通じる。

家庭においても、炊事洗濯、掃除、何ごとにつけても、日々の生活ぶりが仏道修行です。

洞山良价禅師の宝鏡三昧に「潜行密用は愚の如く魯の如し、只能く相続するを主中の主と名づく」とあります。愚かで魯鈍の如くであっても、只ひたすらに、修行するところ、だれにでも真実真理（仏法）は呼びかけてくる。いたずらに自己の心にこだわらず、自然体であれば、真実真理に突き動かされて、迷いや苦しみに振り回されることはない。

日々を平常心是道と念じて、仏法を相続し不断に行じておれば、主中の主すなわち、修行の主人公であり、証（悟）の主人公であり続けるということでしょう。

迷い苦悩しながらの現実であっても、その日常の生活がそのまま仏道修行です。証（悟）すなわち、悩み苦しみのないところとは、どういうところであるのかということを、いつも自己に問い続ける日常の修行がなされておれば、迷い苦悩していることが、そのまま真実真理と表裏をなしているから、おのずと幸せがついてくるでしょう。

本来無一物《ほんらいむいちもつ》

時々に勤めて払拭せよ

弘忍禅師の教えを受ける門下の修行僧が七百人いたといわれています。あるとき、弘忍禅師が修行僧を集めて、「誰かに自分の禅法を嗣《つ》がせたいと思うので、誰でもよいから自分の悟った心境を禅の心をうたった詩で示しなさい、意に叶ったならば、第六祖の証明（印可）を与えよう」と告げられました。

高弟の一人に神秀がいました。神秀は誰もが認める徳望の高い人でした。神秀は自分の悟りの心境を禅の心をうたった詩にして弘忍禅師が通る廊下に貼りました。

身是菩提樹　身はこれ菩提樹　　この身は悟りを宿す樹のごときもので、
心如明鏡台　心は明鏡台の如し　　心は本来清浄で明鏡のようなものだから、
時時勤払拭　時々に勤めて払拭せよ　　つねに煩悩の塵を払ったり拭いたりして、
莫使惹塵埃　塵埃をして惹かしむることなかれ　　汚れぬよう修行を怠ってはならぬ。

神秀は綿密な修行により悟りを得るとして、修行の大切さをうたいあげました。

本来無一物

弘忍禅師の教えを受ける修行僧の一人に慧能がいました。慧能は貧家の生まれで薪を売って生活していましたが、あるとき、「金剛般若経」の「応無所住而生其心・・・・なにものにもとらわれない心を生じるべきである」という一句を聞いて心を打たれて仏門に入ったといわれています。慧能は、精米を受け持つことを修行として励んでいました。

神秀の悟りの心境である禅の心をうたった詩を見た弘忍禅師の門下の僧は、だれもがそれをたたえました。ところが慧能は神秀の詩は真実をついているけれど、まだ十分であるといえないと、自分の心境を神秀の詩と同じ韻を用いて詩をつくり神秀の詩のそばに貼りました。

菩提本無樹　菩提本樹無し　　神秀は身は菩提と、心は明鏡というけれど、
明鏡亦非台　明鏡も亦台に非ず　　菩提もなければ煩悩もなく、
本来無一物　本来無一物　　本来無一物だ、
何処惹塵埃　いずれの処にか塵埃を惹かん　だから塵や垢のつくこともない、それで払ったり拭ったりする必要もないと、慧能は悟りの心境をこのように明らかにしました。

漸悟《ぜんご》・頓悟《とんご》

多くの修行僧は、この慧能の詩を見て、禅の奥義をいい表していると驚いて感動しました。ところが弘忍禅師は「まだだめである」といって消してしまわれたという、一同はこれで納得して騒ぎは静まりました。

しかし、その夜に弘忍禅師は慧能に正法を伝授され、慧能は六祖となられたのです。一同が嫉妬するかもしれないから、弘忍禅師は夜ひそかに慧能を南方へ逃れさせました。

中国禅初祖の達磨大師から六代目の慧能は五祖弘忍の法を嗣《つ》いで六祖とよばれた。中国禅は達磨大師から、慧可、僧璨、道信と伝えられ五祖弘忍の門下から神秀と慧能が出て、それぞれ北宗禅、南宗禅の祖とされました。

修行を積み上げていく神秀の教風は北宗禅と呼ばれた。北宗禅は煩悩と悟りの対立的存在を仮定して、迷いを徐々に払拭して本来の悟りに達する漸悟である。

慧能の「本来無一物」は、真実の姿（実相）には、本来執着すべきものは一物も存在しない「絶対無」の世界だから、相対的認識による執着心や分別心を払拭することもなく、修行が実ったときが本来の悟りそのままである。慧能の南宗禅は頓悟といわれた。

滴滴相承《てきてきそうじょう》

すべての事物は本来「空」「無」ですから執着する何ものもなく「本来無一物」です。迷いを徐々に払拭して本来の悟りに達する漸悟であろうが、「本来無一物」そのものである頓悟であろうが、神秀も慧能もともに弘忍禅師の弟子です。

禅の修行とは日常の断えざる努力の積み重ねです。修行と悟りは一つのものだから、修行が悟りであり、悟りとは、すなわち修行そのものです。正法眼蔵涅槃妙心《しょうぼうげんぞうねはんみょうしん》、すなわち真実そのものを自分自身のうえに実現することが仏法の根本です。

お釈迦さまの正法が慧能禅師の「本来無一物」の教えとしてあらわされ、慧能禅師の法はやがて如浄禅師へ、そして道元禅師により日本に伝えられました。

食うか食われるかの生き残りをかけた競争社会に生きる人にとって、また日々の生活に追われている人には、神秀や慧能の話は隠遁者《いんとんしゃ》の絵空事《えそらごと》のように思えるかもしれません。けれども、窮極の喜びをもとめて生きようとするならば、見えないものに目を向け、聞こえないものに耳を傾けて、実相（この世の真理）を探究すべきです。悩み苦しみのない生き方を説く仏法に、時には耳を傾けてみるのも意味のあることでしょう。

円相《えんそう》

大師釈尊、まさしく得道の妙術を正伝し、
また三世の如来、ともに坐禅より得道せり。

正法眼蔵・弁道話

人間の造形

伊賀焼の里に行きました。轆轤《ろくろ》でつくる茶碗は円形ですが、楕円のものや、いびつなものもある。焼きものは土で形を造り、登り窯で高温で焼くことでさまざまに変化する。ゆがんだり、でこぼこしたり、釉薬などが炎により変化する。伊賀焼のおもしろさは、この世のことごとくを形にしたというところでしょうか。

太陽系の地球も火星も、その他の星々もみなまるい。地球上のみならず宇宙に存在するものの形の基本はまるいのかもしれない。人間の考えにより生み出されたのが三角や四角の造形かもしれません。まるは図形では○であり、字で表すと丸とか円と書く。また数字では○はゼロを意味します。欠けていないことを真ん丸とか円満といいます。

丸、三角、四角

人間の造形は、丸○、三角△、四角□と多彩であるが、よくまわりを見れば自然界ではまるが基本であるようです。それは植物を見ればよくわかる。樹木も年輪のあるものはまるい。大根やキャベツ、根菜類もみなまるい、花も葉もまるが基本形でしょう。

宇宙に存在する星はまるい。回転している地球も月もまるい。そしてその軌道もまるい。月の満ち欠けは地球で見ている人間の側からは三日月であったり満月であったりする。人間の思いを重ねるから日々にちがった月を見ています。太陽に照らされている面積が日々異なっているだけで、月は常に円相です。

ごつごつとした岩も川の流れで次第に角が取れてまるくなる。自然界ではことごとくがまるであって、まるでないものもまるくなっていく。それは宇宙がまるであるから、それに順応して角がとれて基本のまるとなるのでしょう。自己中心、自分本位の生き方では角があるから、ぶつかりあい、もめごとになる。まんまるを円満といいますが、自分中心から利他の生き方へ変えることで、なにごとも円満になる。丸○、三角△、四角□の図柄を描いて、この世の実相であるといった禅僧がありましたが、この世の実相は円相です。

角がとれればまるくなる

生き方が自己中心、自分本位であるならば、なにごとにつけても欲が絡んでくる。欲望は身・口・意の三業《さんごう》より生じて尽きることがない。その身・口・意の三業より生じる欲望が煩悩であり、煩とは頭が燃えさかっている状態をさし、それが悩み苦しみの根源です。煩悩の根源が身・口・意の三業であるから、人の姿をかたちで表せば三角でしょうか。

学校でのいじめや、職場でのパワハラは、受ける側にすると生きづらい雰囲気になる。とげとげしく角張ったいびつな人間の姿です。こうしたいじめやパワハラという醜い人間関係をかたちで表せば四角とか三角の関係です。角と書いて「つの」と読めば、煩悩のゆがんだ角（つの）を突きあわし、絡みあうというところでしょうか。

生老病死もそのままに受けとめれば、あたりまえの姿であるが、人間の考えや思いを重ねると、それを苦しみと受けとめてしまう。だが、生老病死は自然なことであり、苦しみにあらずで、煩悩もその根源が自己自身であることを識れば、ことさらに悩み苦しむこともない。つまり四角も三角も、角がとれればまるくなるからです。そういう受けとめができれば心静かな生き方や、おだやかな人間関係を保つことができるでしょう。

三世の如来、ともに坐禅より得道せり

日々の生活がそのまま修行であると心得て、ものごとをありのままに受けとめる日頃の自己訓練が必要でしょう。日常生活において角張った姿勢であればとてもしんどくて生きづらさを感じます。角々しい姿勢をとらずに、姿勢正しくして自然体で足を組み坐り、荒々しい呼吸をしないで、呼吸を調えることで自己が円満になる。すなわち円月相である本来の自己が現れる。坐禅は欠くることなく、余ることなしで、坐禅はそのままが悟りの円月相であり、大宇宙です。

宇宙の星はまるい軌道による公転や自転の動きをしています。太陽と地球、月の公転や自転が暦の基本になっており、時刻はそれを元にして設定されている。人間の時間は人間が設けたもので、生きものは時間を持たず一瞬に生きています。一瞬一瞬をまるく生きれば、円満な人生を生きることができるでしょう。

我は仏にならずとも
生きとし生けるものみなを
もらさず救いたすけんと
誓う心ぞ仏なる

二、長針は慈悲心

利他行の実践を指す

利生《りしょう》

菩提心《ぼだいしん》を発《おこ》すというは、己れ未《いま》だ度《わた》らざる前に、一切衆生《いっさいしゅじょう》を度さんと発願《ほつがん》し営むなり。

修証義

命の姿

この世の中の何もかもが、それぞれの存在にとって、他の存在が必要なのだと理解できればよいのでしょう。たとえば、食物連鎖ということからすれば、植物と昆虫の関係において、モンシロチョウはキャベツとか菜の花のような野菜に卵を産み幼虫は成長する。アゲハチョウはミカンなどの柑橘類に卵を産み幼虫が成長する。蝶といえどもそれぞれ相性があるようです。

花の蜜を吸うミツバチは花から蜜をもらうことによって、花の受粉をもたらします。多様な生物が存在できるのは、自然界に多様性があるからでしょう。

ウジ虫とかゴキブリは気持ちが悪いから、殺してしまいたいと思うかもしれません。恐ろしい毒蛇はこの世から消えていなくなればよいと考えるかもしれませんが、一つの生き物の存在は他の生き物の存在につながっていますから、ウジ虫が私自身に無関係でないのです。目には見えない微小生物が多くの生き物の命を支えています。だから目に見えない生き物もかけがえのない存在です。

すべての命は連鎖すなわちつながっており、すべての生き物は互いに命を支えあっている。どんな生き物でも他の生き物にとって必要不可欠です。人間も例外ではありません。生きるために他の命を食す。他の命の犠牲の上に成り立っているそれぞれの命。食物連鎖は全生命に共通するが、絶滅の危機にまで他の種を追いやってしまうのは人間だけです。

生き物の死は同時にそれが他の生き物の命を支えることになる、他の命が他を支え生かしている。弱肉強食などということは自然界にはない。なぜならば一つの命が他の命になる。一つの命の死は他の命の生を意味するからです。命はみなつながっている。どの命が欠けても他の命が生きていけない。生き物はみんなこの世に必要だから生まれてきた。

森羅万象の自然のめぐりである食物連鎖で生まれ死んでいく命ですから、どんな命も大いなる命の循環に生きています。しかし三千万種の地球の生き物の中で人間の脳の進化は著しく、人間は他の生き物にない能力を持っているから、自意識が他の生き物に比べて格段にあり、他をいじめたり、自分で死を選ぶという行動をとってしまう。

太陽光と炭酸ガスと水がなければ植物の光合成は成立しないから、それによる酸素も生まれない。酸素がなければ人間や動物のほとんどが生きられない。呼吸というかたちで、空気中の酸素を体内に取り込んで、炭酸ガスを吐き出す。それがまた植物の光合成につながる。無関係であると思われるが、植物と人間とは共生きの関係にあるのです。このように、すべてが関係しており互いの存在なしには、いかなるものもこの世では存在できない。

どんな生き物でもその命は自然のめぐりによって親のもとに生まれた命です。どんな人でも自然のめぐりによってこの世に必要だから生まれてきた、かけがえのない命です。そして、この世に生きているということは、自分のために生きているのではなく、他の命のために生きているのだという、利他の根本原則があります。生かしあうのが生き物の姿です。どんな生き物も、命を生かしあっているから生きていける。大きな命の循環に気づき、命の大いなる循環に生かされていることに気づきたいものです。

人間には損得心や競争心があるけれど、自然界にはそれぞれの生物が子孫を残すための生き残りの攻防があるだけで、損得心や競争心はありません。

無心

花は無心にして蝶を招き蝶は無心にして花を尋ぬ、花開く時蝶来り蝶来る時花開く、吾れも亦人を知らず、人も亦吾を知らず、知らずとも帝則《ていそく》に従う。　良寛

花には蝶を招く心はなさそうです、蝶にも花を訪ねようとする心が働いているようにもみえないが、花が咲くと蝶は飛んでくる。蝶が飛んでくるところに花が咲いている。花につく蝶は無心にして損得勘定がないから、味わいのみ取りて色香を損なうことはない。

他を生かさずして自己は生きていけない、他のためにという生き方が、そのまま自分のためにということです。これは自然の大原則です。

自然界においては、本来は自他の区別などありえません。自他一如で利己はそのまま利他であり、利他がそのまま利己です。

自他にこだわらない生き方とは、うばいとり、つかみとる手を、与えようささげようの手に変えていこうと心がけ、行動することで、そうすれば自他一如の世界で生きられる。

自他一如の心を良寛さんは無心といわれた。自他一如の行動を道元禅師は同事と教えられました。無心に生きられれば、それほど楽しい生き方はないでしょう。

他を生かし、他に生かされて

自分など生きている意味がない、生きている価値もない、だれも自分の存在など必要としていない、などと思いこんでいる人もあるようですが、はたしてそうでしょうか。

職を求めても採用されない、余分の人材は要らないと解雇される、それを世の中が不景気だからとか、原因を世の中のせいにしてしまえば一歩も踏み出せなくなるでしょう。そうではなく、世の中では今、何を必要としているのか、世の中で必要なことをしっかりと自分で見つけ出せれば、それが仕事になり、生きていけるはずです。また必要とされる人格、必要とする能力をそなえた人ならば、世の中は必ずその人を必要とするでしょう。

だれもがこの世に必要だから生まれてきた。そしてお互いを必要とするから生きていける。他を生かさずして自己は生きていけない。自分のためにという生き方が、そのままに他のためにということでなければ自己は生きられない。本来は自他の区別などありえない。自他一如で利己はそのまま利他であり、利他がそのまま利己です。

生きとし生ける命は、お互いに生かしあっている。どんな命も欠くべからざる存在であり、どれ一つが欠けても他を生かせないのでしょう。

人生は利他行

世間が地域社会から国境を越える時代になりました。けれども地域社会の世間も、国際的な世間も、人は人との関係のもとに生きていることに変わりありません。人はみなこの世の共生きの同居人ですから、地域社会でも、国際社会であっても、利他（他の人びとを利益し、救済につとめること）という生かし合いの精神は世界に通用するでしょう。グローバルな時代であるからこそ、よりいっそう利他の精神が尊ばれなければならない。

この世の中はたった一つでは存在できない世界です。万物生命の支え合いがこの世の姿であることに思いをめぐらすと、命の尊さが認め合えるでしょう。人間関係の悩みの解消も、地球環境の保全も、戦争やテロをなくすことも、生きとし生ける万物生命の共存が根本であることを認識すべきだということでしょう。

「他を幸せにしなければ、自らの幸せはない」、人生は利他行です。この利他の願いを持ち続ける限り、その人は優秀であり、価値のある人間です。生き物は逆境にさらされると強い。苦しい時こそ利他の生き方が生命力を活気づかせます。自分に満足できる生き方は利他行により可能になるでしょう。

共に生きる

愚人おもはくは、利他をさきとせば、自らが利はぶかれぬべしと、
しかにはあらざるなり、利行は一法なり、あまねく自他を利するなり。

修証義

幸福度指数

ブータンは一人あたりの国民総所得が約二十万円ですから貧しい国のようですが、ブータンの国民の九割が幸福であると答えています。日本人からするとけっして豊かな生活ぶりであると思えないけれど、身近な人との信頼関係を大切にして、家族が、友人が、ご近所さんが仲良く地域が家族のように支え合っていることを幸せの条件として、親戚や知人が救いの手をさしのべるから、ブータンには孤児やホームレスがほとんどいないそうです。

それでは日本人は幸福であると感じるのには何が満たされておればよいと考えているのでしょうか。健康・家計・家族の三つが満たされていることでしょうか。健康であっても借金があったり、家庭でもめ事が絶えないとなると幸せだと感じないでしょう。

この世は共生の世界

「ヒマラヤの貴婦人」と呼ばれている幻の大蝶、ブータンシボリアゲハを日本蝶類学会の調査隊がブータン政府の調査団とともに、首都ティンプーから車で七日間、さらに何日か歩く奥地の森林で約八十年ぶりに確認しました。

その蝶が確認されたのは秘境ですが、人間が住んでいるところに近いそうです。森林の木を必要な量だけ切り、生態系を破壊することがないから、人間の森林との関わり合いと蝶の生息圏が重なり合っている。それは幻の蝶が人間生活と共生しているかのようであると報告されています。意識するしないにかかわらず少欲知足の人間の生きざまによって共生が保たれてきたのでしょう。

西洋では人間社会に対する言葉として「自然（しぜん）」と表現してきたが、日本には西洋の文化にふれるまでは「自然（しぜん）」という言葉はなかった。太陽、風、水、土のもとで、人間を含むあらゆる生物が混在し共生している状態を、自然（じねん）とか、自（おずから）と表現してきました。自然（じねん）のこの世界は、もとから共生の世界です。ブータンには今も「自然（しぜん）」という言葉がないのかもしれません。

共に生きていける、共に生かし合える、共生は幸せの指数

人間は地震や津波などの天変地異におののきながらも、この世すなわち自然（じねん）の共生の世界にあって、古来より天地山川草木に畏敬の念と感謝を忘れなかった。自然（じねん）を神仏や、ご先祖さまと崇めて幸せを祈り、神仏やご先祖さまと共生することにより、心の安らぎを得てきました。

この世は万物が共生する世界であり、共生の度合こそが幸せの指数であるはずです。ところが人間の欲望がこの指数を狂わせてしまう。共生の世界では市場原理や自由主義も、宗教という表現すらも不要であり、ブータンの宗教は日常生活そのものですから、ブータンではあえてブータン仏教ともいわないのでしょう。

世相を一字で表す「今年の漢字」に「絆」が選ばれましたが、共生とは万物の絆の総称です。人も、生きとし生けるものも、みな共に生きていける、共に生かし合える、共生は幸せの指数です。

人は一人では生きられないことから、互いに支えあって人間社会はかたちづくられています。人情、すなわち、思いやり、愛情、情けは、人々の精神的な信頼の絆であり、相互扶助の基本です。ところが今日の世情では、何ごとにつけても、人情がからむと、かえっ

て人間関係に不都合が生じるという理解もされかねません。

人間のみならず生きとし生けるものすべてをあわれみ、いつくしむ心をお釈迦さまは慈悲心といわれました。慈悲心という潤滑油でこの世は満たされているから、生きとし生けるものはみな生きていけるのです。自分中心の利己的な生き方しかできない私たちですが、他の幸せを願う利他的な生き方にこそ本当の喜びがあることを理解したいものです。

そのためには、利己的な自分に気づき、生まれながらにそなわっているやさしさの心、すなわち慈悲心を常に呼び覚ましておくことです。

日常の生き方として、心を鍛えて自分を変えていくと、やさしさの心、慈悲心が培われます。慈悲心が発露して利他の行いが自然にできるようになれば、人生が楽しくなるでしょう。利他の行いを通して、喜び合えることは、だれにでもできることです。

共生は利他によって保たれるから、日々の利他行によって、人は幸せに生きられる。利他行によって、共に生きる喜びと感動を得ることができるでしょう。

娑婆《しゃば》の彼岸《ひがん》

苦にありというとも楽にありというとも、
早く自未得度先度他《じみとくどせんどた》の心を発《おこ》すべし。

修証義

他を利すると自らも利する

脳梗塞を発症された女性が苦しい胸の内をお話になりました。脳梗塞で救急入院され、幸い一命をとりとめられたけれど、自力歩行ができない状態になられた。人の手を借りないと病院には通えないので、介護タクシーでリハビリに通院しておられます。

ところが脳梗塞で不自由な身体になってしまってから、夫の態度がとても冷たくなった。妻をいたわるどころか夫の暴力に苦しむ二重の苦しみに耐える日々が続いているという。費用もかかることから、病院に行くなとまでいわれているそうです。

夫は思いやりの心を失ってしまったのでしょうか。こんなにつらい思いをするのであれば、脳梗塞で死んでいたらよかったのにと女性は思っておられるようです。

鬱病で十年もの長きにわたり苦しんでおられる独身の男性が、こんな話をされました。その男性のお父さんは独居老人で、最近介護を必要とされるようになった。それでうつ病の状態であるけれど、父親の介護をはじめることになりました。

息子の介護を受けて、お父さんが人生の終焉に幸せを感じられたら、息子にとっても幸せなことです。老いたお父さんへの介護経験が、今後の人生に役に立つでしょう。お父さんは貴重な機会を息子に提供されたのです。それも親心かもしれません。

父親の介護を通して、息子の精神的な病も回復していきました。あせらずにゆっくりとお父さんの介護を通して自分の生き方をも変えていかれたのです。生きることに悩み苦しんでおられた気持が癒されていきました。

自分を大切にするように、他をも大切にできれば、それは幸せなことですが、なかなかそうは思わないもので、夫婦であっても、親子であっても、自分が大切だと思ってしまうのです。夫が不自由な身体の妻をいたわることによって、生きようとする妻が夫をも生かすことになるのですが、夫はそれに気づきませんでした。一方、父親の介護を通して、息子は父親から生きる意味を教えられ、うつ病が癒されたのです。

自他一如

人は一人では生きていけないことを、だれもがわかっているのですが、それなのに一番大切なのは自分です。自分が一番かわいく、大切であるように、他をも大切にできればよろしいが、なかなかそれができないのです。それで、自分と他との関係において、仲間外れにしたり、無視したり、いじめたり、差別したり、軽蔑したりしてしまいます。

ところが、他を苦しめることは自分も同時に苦しむ、ということに気づいていない人が多いようです。他を苦しめると必ず自分に苦しみが返ってくる。悩み苦しみの原因をつくっているのは他ならない自分であることに気づくべきです。

娑婆とはこの世のことですが、仏教とともに西から伝わってきた言葉で、中国では忍土と訳されました。苦しみの世界ですが、そこに生まれてきたからには堪え忍んで生きていかねばならない。それが娑婆の生き方です。そして自分が苦しければ、同じように苦しむ他を救ってあげる。そういう行いが娑婆生活でしょう。

人は誰でも悩みや苦しみをかかえて生きています。悩みも苦しみも無い理想の世界のことを聖徳太子は「彼岸」という言葉で表されました。

娑婆の彼岸

夫婦であろうが、親子であろうが、他人であろうが、人間関係の根本は変わらないはずです。すなわち、他を思いやる気持ちがあること、互いを必要とし、信頼し、尊敬しあえること、このいずれもが欠けても人間関係はうまくいかない。生涯の伴侶であればなおさらですが、しっくりとした関係が保たれるのには、互いの努力が必要です。

人はだれでも自分より愛しい人はいないけれど、自分を大切にするように、他をも大切にできれば、それは幸せなことです。

苦しいことが重なると、どうしてこんなに自分だけが苦労しなければならないのかと思います。だが、この世とは悩み苦しみのある娑婆だから、悩み苦しみと上手につきあっていくしか生きる術はありません。

悩み苦しみと上手につきあっていくのには、一回りも二回りも大きな人間に自分を高めていく努力を絶えず続けていくべきであり、常に向上心を失わないで、自分を変えていくことで、苦しい時にも喜びと楽しみが見つけられるでしょう。この世が娑婆だから、この世に彼岸があるから、人生はおもしろいのでしょう。

利他《りた》

仏々祖々《ぶつぶつそそ》、まず誓願をおこして衆生を済度し、
しこうして苦を抜き楽を与える、すなわち家風なり。

道元禅師

自然界は利他でつながっている

母親は、お腹を痛めて生んだ子に、この子を育てたら将来は自分がこの子に助けてもらえるからと、そういう目的をもとに子供を育てる母親はいないでしょう。たとえ自分がひもじくとも、子には食べ物をしっかりと与える。自分が湿ったところで寝ても、子には乾いたところに寝かせる。自分を犠牲にしても子を護り育てるのが母親でしょう。

親は子に、何の見返りも求めないものです。たとえ危険を冒しても子の安全を保とうとします。親が自分の身の危険を顧みずに子を護るのは、人間にかぎらず、すべての動物の本能のようなものです。だが、自分本位で子の幸せや安全は二の次であると、自己中心の行動をとる親もあるようです。そのために子が悲しい結果に遭うということがあります。

意識しないでこの利他行を実践するのも、また意識して自己本位に行動するのも人間です。意識するしないにかかわらず、親が子を育てることは利他行そのものです。見返りを求めないという行動を利他行といいますが、親は自分を犠牲にしてでも子を育て、子にその見返りを求めない。子育ては忘己利他そのもので、愛情いっぱいに育った子には大人になっても忘れないこととして、他を大切にする心が育まれていきます。

蝶や蜂がいなければ、虫媒花は実を結ぶことがない。しかもどんな花でもどの昆虫でもよいというのでもない。子孫を残すためにモンシロチョウは白菜やキャベツに、アゲハチョウは柑橘類と相性が合う。互いがその存在を不可欠としている。自然界は利他でつながっているから、弱肉強食という言葉は自然界にはなじみません。土の中の微生物から人間まで、あらゆる生きものはどこかでつながってこの世に生存している。なんの見返りも求め合うこともなく、生きものはこの世に生きています。

植物が炭酸ガスと太陽光と水とで光合成する過程で生じるのが酸素です。人は空気中の酸素を吸収して、炭酸ガスを吐き出し呼吸しています。その炭酸ガスがまた光合成をすめ酸素を生みます。自然界では人間も植物と共に生かされています。

利他こそ商いの根本なり

人は利害損得で行動することが多い。商いでは、この品物を売ればなんぼの儲けになるのか、儲けがなければ売り買いは成り立たないようです。農家さんは、米でも野菜でもよい儲けになれば辛い仕事もこなせます。また何を栽培すればよい儲けになるのか、作物を育て収穫する喜びもさることながら、やはり損得勘定が先に立つようです。

日本のモノづくりを支える技術者は、高い技術を求めて絶え間なく自己研鑽して技術向上を目指しています。製造された品物が市場で売れてはじめて企業に利益をもたらすから、売れる商品を造り出し、利益が稼げる製品を世に出さなければなりません。高度な技術力が込められた製品であっても、売れなければ利益を生むことがないからです。

便利で生活に役立つ商品であれば顧客から好評を得る。そして満足していただいてはじめてその商品の価値が生きてきます。商品が消費者の生活に入り込んだときはじめてその評価が下されるのです。製造業者は使い手の側に立って製品を造らなければ喜んでもらえない。作物の作り手である農家も消費者の満足を得るから買っていただけるのでしょう。顧客満足度が高くなければ商取引は成り立ちません。顧客を幸せにするのだという利他の精神が込められていなければならないのです。

拝金主義の中国の人々に、最近、京セラの創立者である稲盛和夫さんの本が多く読まれているそうです。稲盛和夫さんが説く利他の経営理念に新鮮な感動をいだく人が増えてきたそうです。モノをつくるのに顧客の満足を根本におかなければ、それは商品になりえない。消費者の生活にお役に立てること、ご満足いただけるところに儲けがついてくる。利益は得るものでなく、いただかせていただくものである。拝金主義の中国の人々が、このところに気づきはじめたのでしょう。

「自分の幸せを望むならば、他を幸せにすること。他を幸せにすれば自分も幸せになれる」これは幸せの大原則です。この世に存在するものはことごとくが他からその存在を必要とされており、互いを必要とすることでつながっています。不必要であるのに存在しているというものはありません。不必要に見えてもそれがなにかに必要な存在なのです。この世に生を受けたものは必要とされる存在です。この世は利他が根本にあり、あらゆるものは利他によりつながっており、そのことでそれぞれが存在している世界です。

したがって、この世の利他の道理に逆らっては生きていけません。利他に沿った生き方をしなければ、苦しい生き方をすることになるでしょう。

利他の生き方こそ生きる意味そのものです

人間は欲張り根性が強いから、自分中心に考え、自己本位で行動してしまいます。

オレオレ詐欺にあった老婆の話を聞きました。「騙されたことの腹立しさと、さらに危害を加えられないかという恐怖で体の震えが止まりません。夜もよく寝られないのです」と話されました。

騙した犯人グループはお金を手に入れても、そのお金を使うことに不安心がよぎるでしょう。捕まらないかと、いつも心配で安眠できないでしょう。この世は利他でつながっているから、奪うよりあげる方が気持ちよくて楽しいのであって、奪ったお金では幸せになれないのです。

利他の生き方を無視して他を殺めたり、盗みや不正を働くと、それはとても苦しい思いをしなければならず、悩み苦しんで、その代償を払わされることになります。親の子殺し、子の親殺し、いじめや差別、詐欺、テロも、戦争も、すべてが自己本位のわがまま勝手な人間の行動であり、ことごとくが利他に背いた行いであるから、あげくの果てに、必ず苦しみや悩みに束縛されて、自滅の道をたどることになるでしょう。

人間は自分中心に考え、利他でなく自利でさまざまな関係をつくってしまい、生きづらさから悩むことも多いようです。自分が楽しければそれでよいではないかと、自分中心の生き方をしていると、必ず生きづらくなってくる。自分以外は家族でも他すなわち他人ですから、自己本位に振る舞えば、人間関係がぎくしゃくしてきます。

それで、生きづらさをなくそうとするならば、自分本位をおさえることです。自利でなく、利他の行いをすることで、生きていることが楽しくなります。

「他を幸せにしない限り自分に幸せは来ない」、これが利他の精神です。だから、何ごとにつけてもこだわりをもたずに、他に必要とされることを通して、他に貢献する、これが利他の行いでしょう。

世の中は自分をどんなことで必要としているのか、自分にとってそれは何か、何ができるのか、他に必要とされている自分を見つけて、他の幸せのためにはたらかせていただく、そこに生きる意義を見つけられたら、その人は幸せになれる。

利他の生き方こそが幸せに通じるのだという、この道理をしっかりと把握しておけば、迷うことなく、自ずと地に足が着いてきます。

利他心と向上心

人間という字はどうして人と間と書いて、人間というのでしょうか。人間性すなわち、人間の本性あるいは人間らしさとはどういうことをいうのでしょうか。

人間という熟語は広辞苑によると、①人の住むところ、世の中、世間、じんかん、②人、人類、③人物、人柄、となっています。

人間は、人間中心的に、そして自己中心的になりがちです。しかし感情があり、思いやりのある行為ができるのも、人間らしいところで、人間中心、自己中心ではいけないと認識できるのも人間です。

人間とは①人の住むところ、世の中、世間、じんかん、この意味を、特によく理解しておくことが大切なようです。

慈悲とは、他者に利益《りやく》や安楽を与えるいつくしみの心（慈心）と、他者の苦に同情して救おうとする思いやりの心（悲心）をいいます。この抜苦与楽《ばっくよらく》の心は大慈大悲の心であり理想的人間像である菩薩の心とされています。それは人への愛のみならず、生きとし生けるものへも、山や川、森や海に対しても同じことです。

だれでも心の底には、やさしさと思いやりの気持ち（慈悲心）を宿しています。これを人間の本性、人間らしさというのでしょう。表面上は人間中心的な行動をして、自己中心的な生き方をしているようだけれど、心の奥深くには慈悲心がいっぱいです。人と間と書いて人間という。その間とは、人間らしさの大慈大悲の心をいうのでしょう。

だれもがこの世に必要だから生まれてきた。生まれてきたことが幸せの始まりです。どんな人であっても、他に必要だから存在しているのであって、自分中心の楽しさを求めることばかりを考えていたら、その人は必要とされない人になってしまい、生きづらい日々を過ごすことになる。

利他の生き方には、向上心がなければなりませんから、自己の人格向上、知識、能力、技術をたえず高めていく努力がともないます。利他心と、向上心を持つこと、この二つが生き方の基本でしょう。

苦しくても、この生き方の基本がぶれないようにしたいものです。自分が生きる楽しみを知ることができれば、その生き方が他の人の気持ちに影響して他も自分の生き方を変えようと思うようになるでしょう。

四摂法《ししょうぼう》

衆生《しゅじょう》を利益《りやく》するというは四枚《しまい》の般若《はんにゃ》あり、一つには布施《ふせ》、二つには愛語《あいご》、三つには利行《りぎょう》、四つには同事《どうじ》、これすなわち薩埵《さった》の行願《ぎょうがん》なり。

修証義

ほとけ心に目覚めた生き方をするということは、自分本位のものの考え方を捨てて、世のため人のため、生きとし生けるすべてのもののために尽くすのだという誓願をおこし、実践することでしょう。私たち仏教徒の生き方は「みずからは仏にならずとも、他を仏にし、済度する」という誓願をおこして、これを日常生活で実践することです。

それは出家、在家、年齢、性別を問わず、どんな環境や条件であろうとも、他を救済する心をおこし、利他行を実践することが仏教徒の生き方です。

自分が幸せになりたいと思うならば、他を幸せにすることです。他を幸せにできないで、自分の幸せはありえない。これは世の中の真理です。このことにまず気づくことです。

他を幸せにしたいとの願いをいつも心に思い続けることです。

世の中の衆生を利益するための教えを道元禅師は説かれた。それは日常生活において、どのように四摂法（布施・愛語・利行・同事）を実践するかにかかっています。
　これまでの自分をふり返り二度とない人生を幸せなものとするために、日々が四摂法の実践生活でありたいものです。
　第一の**布施**とは、幸せを一人占めせず、精神的にも物質的にも広くあまねく施し、与え与えられていることを感謝して生きることです。
　第二の**愛語**は、慈悲・慈愛の心をおこし、愛情豊かな親切な言葉で語りかけることです。慈愛の心からほとばしり出る親しみと思いやりのある言葉は一言一言すべてが人々の心を和ませる。愛語は社会を正しい方向へ動かす大きな力となります。
　第三の**利行**というのは見返りをもとめない利他の行いです。自分のことは勘定に入れず、他の幸福のためによき手立てを廻らすことです。
　第四の**同事**というのは、相手と同じ境遇になって、仏心をはたらかせることです。自らが幸せになりたいと思うならば、他を幸せにしない限り、自己の幸せはない。この四摂法の実践こそが己の幸せそのものであると、心得たいものです。
すなわち慈しみの心と行為とは、布施、愛語、利行、同事の実践です。

花、今に生きる

無心に咲いているから花は美しい
今に咲くから花は美しい

三、秒針は命の鼓動

即今を指す

生と死は隣合わせ

無常たのみ難し、知らず露命いかなる道の草にか落ちん。　修証義

突然の出来事

それは突然の出来事でした。参道の入り口に立てた丹波七福神ののぼり旗が前夜の強風にあおられて道路際に落ちていたので、ガードレールをまたいでそれを拾おうとしたところ、足を滑らして道路から深さ一・五メートルのコンクリートの側溝に頭から転落してしまいました。

ものすごい衝撃でした。一瞬「死んだ、こうして死んでいくのだ」と思いました。コンクリートで頭を打ったから頭蓋骨が陥没していないかと、おもわず手で頭を触りました。

気絶しないで意識があるから、「ああ生きている」と、自分に言い聞かせて、なんとか側溝からはい上がりました。膝下を打撲したようで出血がひどい。前頭部も出血している。府道沿いではあるが深い側溝ですから、下に落ちた状態では草に隠れて見えないため、気

を失っていたら誰にも発見してもらえず、危なかったかもしれません。

意識もはっきりしているから、シャワーで体の汚れをとり、とりあえず出血をおさえて着替えして救急車を呼ぶことなく家内の運転で市民病院に行きました。

市民病院の受付で、ここには脳神経外科がないので他の病院に行くようにいわれたので、車で十分のところにある別の病院で救急診察を願い出ました。

病院では時間外でしたが対応してくださり、脳神経外科でＣＴとレントゲンと血液検査を、外科では怪我の処置をしていただきました。ＣＴで頭を、レントゲンでも首の骨や脊椎に異常がないかを診察していただきました。

転落のショックが原因なのか血圧がものすごく高いので、血圧を下げる点滴を受けて、血圧の薬を処方してもらって帰りました。

その日は安静にしていましたが、明くる日の朝、一年前に登校児童の列に無免許運転の車が突っ込み三人が亡くなった交通事故現場で、仏教会の役員四人で法要をつとめなければなりませんでした。つとまるか心配でしたが、急に代役を手配するのも無理なので出仕することにしました。

露命

幸い頭の出血も止まっていたので、絆創膏をはずして現場での法要に出向きました。一時間ぐらい立ったままの読経でしたが、ふらふらしながらもなんとかつとめが果たせました。

次の日も血圧がかなり高いので、病院に行きました。内科で血液検査をして、胸部と心臓のレントゲン、心電図検査をしていただきました。特に異常なしと診断され、安堵して帰りました。深いコンクリートの側溝に転落して軽い打撲と擦り傷程度ですんだのは、神仏のご加護かと感謝の念でいっぱいです。

転落事故から六日目に、中学校卒業五十周年記念の同窓会がありました。欠席しようかと迷ったが、同級生からの誘いもあったので出席しました。級友と再会して、酒も飲まずに、おたがいの近況を語り合いました。五十年経ると同級生の一割が他界していること、体調が悪くて出席できない人も多く、血圧の薬を飲み続けている人もかなり多いと聞きました。

同窓会から三日後に病院に行きました。待合いで診察を待っていたら、先日の同窓会の出席者二人に出会いました。それぞれ病気をかかえて定期的に病院に来ているとのことでした。お互いに加齢のため、どこかに体調不良を感じているのだと実感しました。

命の重さ

転落事故から三週間後のことです。その日のＭＲＩ検査の結果も異常なしとの医者の言葉を聞いて安堵しました。血圧の薬をもらって帰ろうと駐車場に行くと、フロントガラスのワイパーにメモが挟んでありました。警察署員のメモで、「あなたの車に損傷を与えたお方があり、事故の証明をするので警察まで来てください」と書いてありました。

そのメモを読み終えた時に、私の車を損傷をしてしまったという人が声をかけてこられました。メモの時刻からすると、一時間半も前のことで、私が診察から戻ってくるのを警察の現場検証を済ませて待っていたようです。損傷を与えてしまったことを詫びて、車の修理をして欲しいとのことでした。

誰も見ていなければ当て逃げをしてもわからないのに、ご当人は正直に申し出てこられた。私は幸いにも生死を分けるような転落事故でしたが、擦り傷程度で後遺症もなく検査の結果異常なしということでした。そういう体験をしたせいか、命の重さに比べて、車の損傷など修理すればすむことだし、お金や物など命のことを思えば軽いものだと、あらためて思いました。

生と死は隣合わせ

わずかな損傷なのに詫びられたお人の誠実な態度に好感をもちました。警察でも丁寧な署員の応対に礼を述べました。自動車屋さんで修理の手配も済ませて帰りました。その日は朝七時に寺を出て病院に行きましたが、帰宅が午後になり、出席予定の会議に出られませんでした。けれどもさわやかな気持ちで一日を過ごすことができました。

転落から二十五日目でしたが、三度の血液検査でいずれも数値が高いものが一つあり、超音波検査を受けました。幸いにも異常が見あたりませんでした。転落事故の後遺症も心配なさそうですが、当分は血圧の薬を飲み続けることになるようです。

命の重さはなにものにも比べようのないものであるということが、思いがけない転落事故によってよくわかりました。生き死にを実感したので、今、命あることが、今、生きていることがなんと幸せなことであろうかと、いまさらながらに感じました。

転落事故の打ち所が悪ければ、後遺症が出るでしょう。そして最悪な状況であれば、死んでいたかもしれません。血圧がかなり高いので、これも重大な病気につながる危険性があるので、怪我の功名というのでしょうか。幸いにも高血圧につき要注意のシグナルをも受けとることができたということでしょう。

死は突然におとずれる。生と死は隣合わせで、いつ死ぬかわからない。それが生身の姿だと実感しました。けれども一難去って時間が経つにつれて、お金や物に執着してしまい、命の重さ、生きていることのすばらしさをすっかり忘れてしまいそうです。人は身勝手だから、煩悩がものごとの本質を見違えてしまう。それで、常に自戒の念を失ってはいけないのでしょう。

無常《むじょう》の風《かぜ》

人もし生くること、百年ならんとも　怠りにふけり、励み少なければ、
かたき精進に、ふるいたつものの、一日生きるにも、およばざるなり。

法句経

二〇一四年九月二十七日午前十一時五十二分、長野、岐阜両県境の御嶽山三〇六七メートルが噴火した。予期せぬことで、この日多くのお方が御嶽山に登っていました。青空のもと紅葉の美しい御嶽山頂に突然噴煙が上り始めたのです。異様な光景に驚き、危険を察知して登山者は山を下り始めたけれど、すぐに噴煙が覆い被さってきて真っ暗になり、噴石にあたって大勢の方々が命を落とされました。〝まさか〟という坂がある。その坂を転げ落ちることがあるのです。

過ぎ去った時間は、これを再び元にかえすことはできません。光陰は飛ぶ矢よりも速やかに過ぎ去り、寸刻も止まることがない。また命はいつ尽きるかわかりません。人生には〝まさか〟という坂がある。一寸先がわからないほどに人の命は儚いものです。

だから人に生まれた最勝の善身をいたずらにして、儚い身命を無常の風にまかせて、今、この時を無駄に過ごしてはならないのです。何の得るところもなく、いたずらに百年生きたところで何にもならずです。

けれども、たとえ今まで欲楽の生活にふけって、五欲の奴隷となっていたずらに走り回っていたとしても、ひとたび自覚を得て、菩提心を発し、わずか一日でも自覚ある正しい生き方ができれば、いたずらに過ごした百年の歳月にも値するということです。

煩悩いっぱいのこの身がそのまま仏（真理に目覚めて生きる人）であると、口で説くことはたやすいけれど、凡夫の身心で仏そっくりの威儀を行ずることは、とてもむつかしいことです。

未だ菩提心も発さず、欲望のままに動くならば、いつまでたってもこの身に仏心が現れない。けれどもお釈迦さまの精神を自分の精神として、一歩でも半歩でも歩みたいと願い実践実行するところにお釈迦さまと諸仏と自分が同じになれる。

この世の真理（仏）に目覚めようと、常に心にとめて、そこに生き方を合わす。そのときお釈迦さまの気高い仏心が凡夫の私の中にも輝き薫る、それが即心是仏です。自分を超えた味わい深い人生が出現する。諸仏とは即心是仏である今を生きる私たちです。

一瞬の今

生も一時のくらいなり、死も一時のくらいなり。
たとえば冬と春とのごとし。
冬の春となるとおもわず、
春の夏となるといわぬなり。

正法眼蔵・現成公案

執着心を捨てる

スポーツでは期待した結果が出なければ敗北でしかない。それはそうだけれど、そこに自己のふり返りがあって、なぜ負けたのか、どうすれば勝てるのか、なぜ期待通りの結果が出せないのか、反省や研究、改善、修練というものがあって、次にそれがよい結果を生むことになる。

iPS細胞の発見につながったのは、想定外のことに注目したからだと山中伸弥教授はいわれました。研究では予想した結果が出なければ、それは正しいものでないと認識されて捨てられる。ところが、その通りの結果でなく想定した以外の結果が出たことに着目して、そこに真実が隠されていると認識されたから歴史的発見が生まれたのでしょう。

出てしまった結果に執着するより、想定外に着目したり、思い切った変革の策をとることで活路が開けることがある。困難な見通しを悲観するより一歩を踏み出せば、暗闇の隘《あい》路《ろ》を抜け出て希望の光を見い出せることがある。過去にこだわるという執着心を捨てること、そして何ごとにも柔軟に対応し、何ごとも受け入れる許容の幅をどんどん広げていくべきでしょう。

日々配達されてくる新聞を読んで、すべて処分せずに残していたら、新聞はたまるばかりで、家の中が古新聞でいっぱいになってしまいます。古新聞で何かを包む、載っている記事を残しておいて知識として参考にするなど、そういうことで古新聞を役立たせる以外は処分するでしょう。人の思いも古新聞と同じことで、すんだ過去に執着せずに捨てることです。過ぎ去ったことを捨てきれずに引きずっていると、今が今でなくなってしまい、今も過去になってしまう。そして明日になってもまた過去に執着し続けておれば、未来もずっと過去になってしまう。

時の流れは止まらない

時の流れが止まらないように、すべてのものは同じ姿を止めていない。自分という身体を構成している五十〜六十兆個の細胞は、絶え間なく死んだり生まれたりしています。すなわち昨日の私、今日の私も、明日の私も、みんな異なる私です。今、一瞬にも、私自身は変わりつづけているのに、いつも同じ私で変わらないと思い込んでいるのは妄想です。

私たちは、今、という時に生きています。けれども、それは一瞬のことで、そう思った時にはすでに過去です。まさに生きている今とは、瞬きの刹那にすぎない。明日のことだと思っていることがもう今です。未来はすぐに今になり、そして過去になってしまいます。

ノーベル生理学賞を受賞された山中伸弥教授が、授賞式から一夜明けた朝、ストックホルムで記者会見をされた。「ノーベル賞の受賞は、もう過去のことです。今日は科学者として仕切り直しの朝だと感じている」と、「iPS細胞を創薬に役立てるという応用に向けて、これまで以上に力を入れていきたい」と抱負を語られました。そして「研究はマラソンとよく似ている。今回は、栄養補給のような意味があった」と話されました。山中伸弥教授の研究に終わりはありません。

善循環の生き方

過去から離れられずに、過去を引きずっておられる人がとても多いようです。身について離れなくなってしまうほどの恐怖、苦痛、屈辱、苦悩というものは、生きている限り消えることがないかもしれない。けれども、いつまでも怨みや憎しみ、悲嘆、絶望するのでなく、そのことごとくを払拭しなければ、悩みや苦しみから抜け出せません。

とかく人は過ぎ去ったことを捨てきれずに引きずってしまいます。ところが過去に執着すれば今が今でなく、今も過去になってしまう。今が過去になれば、未来を見つめることなく、過去に埋没してしまう。過去を引きずって、悪循環から抜け出せなければ、明るい希望の光を見いだせなくなってしまいます。

「生も一時のくらいなり、死も一時のくらいなり。たとえば冬と春とのごとし。冬の春となるとおもわず、春の夏となるといわぬなり」と道元禅師はこのようにいわれた。

冬が春になるのではなく、春が夏になるのでもない。春は春、夏は夏です。今とは、過去でもなく未来でもない。今は今のみで、過去が今になったのではない。今が未来になるのでもない。生は生のみ、死は死のみで、生きているのは一瞬の今です。

時間と存在

古仏いはく、尽大地是真実人体なり、尽大地是解脱門なり、尽大地是毘盧《びる》一隻眼なり、尽大地是自己法身なり。

正法眼蔵・唯仏与仏

大地全体がそのまま真実の人体であり、解脱の門であり、毘盧遮那仏の一眼であり、自己の法身である

無常迅速《むじょうじんそく》　この一瞬の時、「今」に生きている

宇宙の始まりから今までを過去といい、今というこの一瞬の時があり、宇宙の終焉に至るまでを未来という。私たちはこの一瞬の時、「今」に生きています。しかし、過去も未来も、今という一瞬の時も、人間の認識によるところの時間にすぎないようです。そして過去も未来も時間です。時間とはビッグバンで始まる膨張する宇宙そのもので、時間とは光の速度であり、また、あらゆる物質の存在を意味づけるものでもある。そのあらゆる物質の存在するところを、人間はこの世であると認識しています。そのあらゆるものの存在は、ことごとくが常に同じ状態をとどめていない、すなわち無常です。

生死事大《しょうじじだい》　万物はみな生滅する

万物はみな生滅するものであり、宇宙も始まりがあり、終焉があるといわれています。

宇宙とは時間であり、そして存在です。その存在は宇宙の星々で、その成分は、炭素、水素、鉄といった様々な元素からなり、その元素が互いに関係することによって物質として存在している。私たちのまわりのすべてのものを作っている基本的な成分も元素です。

この世のことごとくが互いに関係して、原因となり結果となりて存在しています。元素が組み合わさって物質は存在しているから、結合（生）するとともに崩壊（滅）もする。だから存在する物資はことごとくが生滅するものであり、一つの例外もありません。

様々な元素が関係し合って地球上に生命が誕生した。そして、その生命は環境の変化に適応することで進化し、変異して、繁栄と滅亡をくりかえして、様々な生命の種が生まれてきました。人間も地球生命の一つで、人は生まれて成長して、そして老いて死んでいく。

万物はみな生滅するものであり、生あるものは必ず滅します。

一つとして永遠不滅な命はなく、生まれた命は滅するが、遺伝子が伝承されて、親から子に命が受け継がれるから、命は連続しています。

各宜醒覚《かくぎせいかく》　存在とは真実真理の現われなり

薪は燃え尽きると灰になるが、薪は薪であって灰ではない、灰は灰であって薪でない。春といえば花が咲き水が温む、それが春です。時は経るといいますが、夏に移るという春はなく、春の時は春で、夏の時は夏で、時間とは存在そのものです。今とはこの一瞬で、それは時間であり、さまざまなものの存在でもある。

人が川の流れに風情を感じたり、川の流れに人生を重ね合わせて、もの思いにふけようとも、地球の重力によって水は高きから低きに動いています。それを川が流れるといいますが、流れに執着してしまうと水が見えなくなる。水は是れ水であり、山は是れ山です。

真実真理を見誤れば、それは真実真理でなくなる。見誤る原因は、何ごとにつけても人は我執により分別心で受けとめて妄想してしまうから、ありのままに受け取れないのです。

人の眼は二つある。だから何ごとも相対として分別心で見てしまうから、真実真理を見誤って、その本質を見失ってしまいます。けれども仏さまの眼である一隻眼で見れば、何ごとにつけても分別心でなく素直に受けとめられて、この世の存在のことごとくが真実真理の現われであるということがわかるはずです。

慎勿放逸《しんもつほういつ》　真実人体の基本軸がぶれないこと

私たちをはじめ、動植物から夜空に輝く星々まで、すべてが元素の組み合わせからできている。人について、あの人は美人だイケメンだと評するけれど、人体の成分も炭素や鉄など、星の成分である元素と同じです。だから人は真実人体であると道元禅師はいわれた。お互いに宇宙の星の成分による真実人体だから、人は互いに対立し争うことも、お互いに人間関係で悩むことも本来はないはずです。

けれども人は欲望のままに生きるから、ものの本質を見誤ったり、正しい認識をすべきところを違えてしまうようです。こうして人間は我執により自分自身で苦しみや悩みを引き起こしてしまいます。したがって、心静かに自分が真実人体であることを自覚して、真実人体らしく真実真理に違わない生き方をする。これが本来の人としての生き方です。

本来の人として生きるためには、基本軸がぶれないように心がけることが肝心です。

基本軸がぶれない、それが只管打坐（坐禅）です。この坐禅の生き方を基本姿勢とすれば、正しい生き方の基本軸が保たれます。自分自身を誤魔化さないで、正直に生きることで、悩み苦しみなく生きられる。これはお釈迦さまのお悟りの根幹です。

自分こそ自分の救済者である
他人がどうして自分の救済者であろうか
自己をよくととのえることで
得難い救済を得る

法句経

第五章

いつでも、今が出発点

生きているのは即今、刹那

人生は片道切符

人生には出発点があり終着点がある。電車にたとえると、始発駅から終着駅へということです。必ず終着駅に着くことになっているから、安心して乗ればよいのですが、どの電車でも安心して乗れるかといえば、そうでもなさそうです。そして、生まれた時にはすでに始発駅を発車してしまっているので、走りながら、あれこれ確かめて進まなければなりません。

人生は片道切符ですから、間違えて乗車したり、乗り過ごしたり、乗り換え駅を行き過ぎてしまうと後戻りできないから、とてもややこしくなる。特急に乗ると、停車しない駅もあるから、どこで乗り換えるかを調べておかなければなりません。それでは各駅停車がよいのかといえば、ゆっくりすぎて困ることもある。快速に乗れば速く行けるけれど、風景や街の様子などは各駅停車の方がよくわかるというものです。

これでよしと思って乗ったけれど、行き先を間違えてしまったということもあるでしょう。また、つい居眠りして、下車すべき駅を乗り過ごしてしまったとか、途中下車しなければいけないことや、乗り換えた方がよいということもあるでしょう。

また、いつも安心安全ということはない。列車の事故があったり、風水害や地震などの天変地異により、停止してしまうこともある。駅での移動中に、つまずいたり転んだりすることもあるから、足下に注意しなければなりません。

新幹線のぞみ号が最速であるというけれど、実はもっと早い乗り物に乗ってしまっているのです。のぞみ号は時速三百キロ、秒速では八十三メートルですが、地球号は一日二十四時間で一回りしていますから、秒速では四百六十三メートル、だからものすごく速い。「光陰は矢よりも速やかなり、身命は露よりも脆し」時の過ぎゆくのがとても速く、命は露の如く儚いから、生きているのは今という一瞬、刹那です。

すでに走り始めた電車に乗ったのですが、乗り換え自由ですから、いつでも乗り換えができる。都会の喧噪を離れて、田園風景や山間地や海岸などの風光明媚な景色も楽しいから、ちょっと遠回りしてもよいのでしょう。途中下車してみると新しい出会いがあるかもしれません。ところが、人生は片道切符ですから、もう一度元に戻って出直すということができません。そして、その片道切符には日は明記されてないが有効期限があります。

いずれにしても、人生は、「いつでも、今が出発点です」。そして人生は片道切符です。必ず終着駅に着くから、安心して乗ればよいのでしょう。

即今《そっこん》、刹那《せつな》

人が人をいじめる。これは日常に不満心のある人が、矛先を他の人に向けていじめをするようです。不満心とは煩悩が吹き出たものであり、心が満ち足りておれば他をいじめることはありません。いじめられやすいと見られてしまうと、弱いところにいじめの矛先が向きやすいから、いじめられる側の人は、たちまち打ちのめされてしまいます。

煩悩の炎が燃えさかる不満心の人が複数いますと、何人もが一人を取り囲んでいじめてしまう。そうするといじめられる側にすればものすごい重圧にさらされることになってしまいます。

人を殺めたり、盗みをはたらいたり、詐欺や恐喝など悪事に手を染めてしまうと、次々と悪だくみをしてしまう。悪事で得られるものはなにもありません。そういうこともよくわかっているのですが、弱い心が煩悩の炎を消し去れなくて、ついつい迷いの暗闇に入り込んでしまいます。煩悩の炎が燃えさかっている人々が徒党を組んで集団で動き出すと止められなくなる。それがテロであったり戦争につながっていくのでしょう。

人が悩んだり苦しんだりしているのには、必ず悩み苦しみとなる原因、つまりその元があるはずです。それは煩悩のはたらくままに勝手気ままな生き方をしている自分自身そのものです。わがまま勝手な生き方をすると、かならず生きづらくなってきます。共生きの世の中で生きて行こうとすれば、共生きを乱す行いをすると、必ず生きづらさを感じてしまうものですが、それでも自分のわがまま勝手を押し通すと手痛い仕返しにあいます。

煩悩の炎が消せるかどうかは、自己の懺悔《さんげ》の心によります。煩悩の炎が燃えさかる時に懺悔の心がはたらけば、煩悩の炎を滅却できて、自分の本性である仏心を取り戻せます。仏心が揺らがなければ、やすらかな心境で生活できますが、新たな煩悩がまた動き出してしまいます。人の日常というのはこのように仏心と煩悩とのせめぎ合いの日々というところでしょう。

人にはだれでも本性として仏性がそなわっています。仏性は仏心のはたらきにより現《あらわ》れます。その仏心は円満月の如くですが、煩悩の群雲《むらくも》がかがやきを遮ってしまいます。

私たちは、心の動きとして、煩悩と仏心のせめぎ合いの日々をおくっています。煩悩とは、執着心であり、燃えさかる炎です。この煩悩の炎が滅却できたら仏心が現れるけれど、一つの煩悩が消えてもまた別の煩悩の炎が出てきます。燃えさかる煩悩の炎は冷静さを失っていますから、ややもすると手がつけられなくなります。自分では消し去れないくらいの勢いとなれば、だれかに消してもらわなければおさまりません。

この心の葛藤はいつも今、一瞬に起こります。したがって、今をどう生きるか、自分の生き方を自分で導かなければならないということでしょう。たとえ煩悩の炎を消し損ねてしまっても、気がつけばその時が今ですから、即今、煩悩の炎を滅除すれば、仏心が現れて自分の本性に立ち帰ることができるでしょう。

放浪の俳人といわれた種田山頭火は「分けいっても分けいっても青い山」と詠んだ。

山頭火は、ついに深い森に迷い込んでしまいました。分け入っても分け入っても、出口がなかなか見つかりません。悶々として煩悩の森をさまよっていましたが、やがてその森から抜け出ることができました。そこが永平寺でした。

坐禅するところ、おのずから煩悩は滅却しているから、山頭火は自分の本性である仏心を取り戻すことができたのです。「てふてふひらひらいらかをこえた」一匹の蝶がひらひらと永平寺の法堂の高い屋根の甍を超えて飛んでいきました。その蝶とは、執着心が解きほぐれた山頭火自身でした。

人生においてつまずいたり、転んだり、そういうことは何度もあります。骨折や怪我であれば治るのですが、打ち所が悪ければ命まで失ってしまいます。それで、自分のことは自分で気配りをして生きていかねばなりません。

「人生に失敗がないと、人生を失敗する」、すなわち、つまずいたり、転んだりしても、次にまたそうならないように心がけたらよいのです。

人が生きているというのはどの時をさすのかと、お釈迦さまが弟子に聞きました。ある弟子は、寝て朝、目覚めて、夜また眠るまでの自意識のはたらいている間だと、また食事をして、次に食事をいただくまでの間と答えた人もありました。一呼吸の間という人など、さまざまな答えがありました。でもお釈迦さまは、いずれでもないといわれました。そして、それは刹那であるといわれた。指を弾くとパチッと音を発する、その六十五分の一、それが刹那だと、その刹那が生きているという間であるといわれました。

生きているのは今です。今といってもそれは瞬間です。車の運転をしているときに、携帯電話で話したり、スマートフォンでメールしたりしていると、運転の注意がおろそかになり、大事故を起こしてしまいます。まさに一瞬に起こることです。

生きているのはその一瞬・刹那の連続です。ところがその一瞬の先が闇でわからない。

生きているのは即今、刹那です。だから人生は、「いつでも、今が出発点です」。

不放逸《ふほういつ》

精進こそ不死の道、放逸こそは死の道なり。
いそしみはげむ者は、死することなく、
放逸にふける者は、生命ありとも、すでに死せるなり。
明らかに、この理を知って、いそしみはげむ、賢き人らは、
精進の中に、こころよろこび、
聖者の心境に、こころたのしむ。

法句経

向上心を高めるとは、ものごとの本質を求め続けるということです

格差社会のあらわれでしょうか、日本では他からの支援にたよって命をつないでいる人が最近多い。またうつ病で悩み苦しんでいる人が若い世代に多い。なにがそうさせてしまったのか、若者が活躍する場が奪われてしまったのか、生きる希望と勇気を持つことができない、そういう社会になってしまったのでしょうか。

若い人ならば人生はこれからなのに、生きる希望も勇気もなくして、生きている意味をも感じなくなってしまったと思いこんでいる人があるようです。また、老いたりといえども生き方が消極的になってしまえば、幸福感は得られないでしょう。

気持ちが落ち着かず不安な日々を送っている人でも、心にしみる音楽の調べに心安らぐことがある。それは気持ちが穏やかになるばかりでなく、生きる希望や勇気さえもよみがえらせる。美しい絵にふれたり、自然の中に身をおいたり、また、ちいさな生き物たちの生きる命の輝きを見ていると、ものの見方が変わったり、発想のひらめきがあったり、生命の躍動する姿に感動することがあるでしょう。

感性とは感受する能力と、それにより行動する能力です。意識して感性のレベルを上げていくと、より高いものを求めたくなる。感性のレベルを高めるとは、絶えず感性のレベルアップに努めることです。自己の感性のレベルを高めていくと、音楽であれなんであれ、他との協調を喜び、異質のものをも受け入れて、よりすばらしいものをつくりあげていこうとする意欲もわいてくる。美しいものにふれることで、人は穏やかな、心安らぐ気持ちを持つことができるでしょう。

二〇一一年十月に亡くなったアップル社の最高経営責任者であったスティーブ・ジョブ

ズさんは「心の琴線にふれるものづくり」をめざされた。成功するとはあきらめないこと、成功するまでチャレンジされた。人とちがうことを恐れるようになったら駄目だと、自分の感性を信じて、技術を高めて、どんな価値を生み出すか、本質は何かを探し求めて、ぶれることなく、驚きと感動を世におくりだした。スティーブ・ジョブズさんは禅に興味を持ち禅僧とも交流がありました。心にひびくものが禅にあったのでしょう。

うれしいときに喜び、悲しいときに涙する、こういうことが人の自然な姿です。そして他の悲しみを自分のこととして悲しむ、他の喜びをともに喜べる、喜びと感動を求めて絶えず自分の心の琴線をふるわせることができれば、それは他の人や社会にも影響して多くの人々の心の琴線をふるわせ、感動を与えることにつながり、自分も他もともに深い喜びの感動を得ることができる。自他ともに喜びの感動を共有できれば、これほど幸せなことはないでしょう。

生まれてきたからには、生きている喜びと楽しみを得ることができなければ、せっかくこの世に生まれてきた甲斐がない。

向上心を失わず、向上心を常に鼓舞して、ものごとの本質を求め続けて生きている限りにおいては、その人は幸せの歩みを踏み外すことはないでしょう。

幸せとは、他に必要とされる生き方をすること

この世は人間だけでなく、なにもかもが互いに関係しあって存在している。それぞれが互いを必要とすることでこの世は成り立ち、それぞれが存在しています。

人は一人では生きていけません、生きとし生けるものも同じで、ただ一つで存在できるものはない。人間という言葉の意味は、世の中ということです。世の中に生きているということは、一人一人が世の中の構成員であり、他の人とつながり、支え合う存在です。すなわち必要とされる何かがあるから、その人は存在している。必要でなくなれば存在する意味を失うということでしょう。

〝なぜ〟ということがいつも念頭にあれば、〝なぜ〟、この世に生まれてきたのか、自分が〝なぜ〟他を必要とするのか、自分は他に〝なぜ〟必要とされるのかがわかる。

この世では、他に必要とされる生き方をするという自覚が大切です。自分はどのように必要とされているのか、なにをすればよいのか、永遠に見つからないかもしれませんが、熱っぽく自分探しを続けていくべきです。幸せとは、他に必要とされる生き方をすることでしょう。お釈迦さまは「なまけることなく（不放逸）自己を完成せよ」といわれました。

百尺竿頭進一歩《ひゃくしゃくかんとうしんいっぽ》

百尺竿頭《ひゃくしゃくかんとう》に坐《ざ》する底《てい》の人《ひと》、
然《しか》も得入《とくにゅう》すと雖《いえ》ども、未真《いまだしん》を為《な》さず、
百尺竿頭《ひゃくしゃくかんとう》に須《すべからく》歩《ほ》を進《すす》め、十方世界《じっぽうせかい》に全身《ぜんしん》を現《げん》ずべし。

無門関

百尺竿頭にすべからく歩を進めよ

石霜和尚と長沙景岑禅師の問答です。石霜和尚の「百尺竿頭如何が歩を進めん」という問いに、長沙禅師は「百尺竿頭にすべからく歩を進め、十方世界に全身を現ずべし」と応じた。

竿頭とは物干し竿のことですが、竿頭を崖っぷちとすると、さらにその先に一歩を進めれば、踏み外して落ちて死んでしまいます。高い竿をのぼりつめたところで、そこからさらに一歩をのぼり進めれば、もうつかまるものはなく、まっさかさまに転落して命を失ってしまう。いったいこれはどういうことを意味しているのでしょうか。

百尺竿頭とは長い竿の先のことですが、それは、きびしい修行を経て到達できる悟りの境地です。修行のすえに悟りを開いたとしても、修行の道に終わりはないから「さらに一歩を進めよ」ということです。百尺の竿の先端よりさらに一歩をすすめて、十方世界に自在に自己の全身を実現できる人が悟った人です。

仏道を極め尽くしたとしても、そこに踏みとどまってはいけない、頂点を極めたとしても、そこにとどまっていないで、さらに向上すべしということでしょう。さらなる努力がなされるべきです。悟りはすなわち修行です。修行が悟りですから、そこに踏みとどまってはいけないのです。

また、百尺竿頭に止まってはならないとは、悟りの境地に達したといえども、衆生を救う努力をしなさいということです。悟りの境地にとどまらずに、生死界に身をおいて、利他の行をなすべしということをも意味しています。

一般常識で判断してはならない。悟ったかのような錯覚にはまりこんで、修行生活を止めてはならない。全身全霊をもってさらに精進すべきことをおしえています。仏道を極め尽くしても、そこに踏みとどまってはいけない、頂点を極めても、さらに向上すべしということでしょう。

百尺竿頭に止まってはならない、終わりというものはない

山岳家は目指す山の頂点を極めて、その山の頂に立つと、さらに次に目指すべき山の頂に立つことを思い描く。次々と挑戦すべき山の頂がある。どこまで登っても終わりがない。

科学者は研究し、探求すべきものを発見できたとしても、もうその瞬間には、次に目指すべき研究の対象を見定めている。研究には終わりというものはない。疑問や課題は尽きることがない。極め尽くすことに終わりがないということは仏家も同様です。

山岳家も、科学者も仏家も、この世の中に生きているものとして、努力して高みのてっぺんをめざすことは、自己自身の修行に他ならないのですが、そのことは同時に、この世で他を救うことに通じているからこそ意義があるのでしょう。「百尺竿頭に一歩を進める」とは、利他の一歩でもある。

努力して高みのてっぺんに行きつくことができたとしても、「これでいい」とそこで満足せずに、何かの奥義を極めるとは、行き着くところまで突き進んで、もうこれ以上はないというところをさらに極めよ、さらに努力せよということです。新しい世界へさらに飛躍するということです。

百尺竿頭に一歩を進め、十方世界に全身を現ずべし

「百尺竿頭にすべからく歩を進める」とは、常識の世界にとどまらず、生まれてきたときから慣れてきた物の見方や考え方、思慮分別を切断して、「百尺竿頭に坐し」思い切ってさらに一歩を進めれば、必ず悟りは開けるであろう。

また仏道を修行しようとするならば、捨てがたい一切のものを思い切って捨ててしまう。断ちがたいもろもろの執着を断ち、自らの身体や命すら惜しむことなく、すなわち不惜身命で邁進せよということです。「百尺竿頭に一歩を進める」とは努力を怠らず、向上心をもち、さらに歩みを進めよということです。

「百尺竿頭に一歩を進める」とは、悟りの境涯にあって自利の頂上を極めそこに腰をすえることなく利他の誓願を発して、衆生済度の利他行に一歩を進めよということでもあります。世俗世間に身をさらして、衆生を救う努力をすべしと長沙禅師はいっています。

「百尺竿頭に一歩を進める」ということについては、以上の三通りの解釈ができる。「百尺竿頭如何が歩を進めん」の問いに、「百尺竿頭にすべからく歩を進め、十方世界に全身を現ずべし」と長沙景岑禅師は応じた。何ごとにおいても、全身全霊をもってさらに精進すべきことをおしえています。

喫茶去《きっさこ》

茶を喫し去れ　　　趙州禅師

お茶でも飲みませんか

中国は唐の時代の趙州禅師の話です。趙州禅師は修行を目指して修行道場に来た二人の僧に対して、あなたは以前にこちらに来られたことがありますかと尋ねると、僧が「あります」と答えた。それで趙州禅師は「喫茶去」といった。またもう一人の僧にも同じことを尋ねると、その僧は「ありません」と答えた。趙州禅師はまた「喫茶去」といいました。院主（寺の管理職）が趙州禅師に、なぜ二人の僧に、「喫茶去」といったのかと尋ねると、趙州禅師は院主にも「喫茶去」と答えた。何ごとにも分け隔てをしないことが大切であることを理解させようと、趙州は三人に同じように「喫茶去」といったということです。

「喫茶去」とは「お茶でも飲みませんか」という意味です。趙州禅師は初対面の修行僧でも、高僧であっても分け隔てなく「まあ、お茶でも飲みなされ」と等しく接せられた。

趙州喫茶去

私たちは、とかく利害や損得で、また地位や立場などを考慮して、相手によって分け隔てをしていないでしょうか。

「喫茶去」と書かれた色紙などをよく見かけますが、「茶を飲みなさい」という、ただこれだけの意味ですが、どうしてこれが禅語なのか、すぐにわかる人は少ないでしょう。茶を飲めということですが、仏道修行の上で深い意味があるようです。

「趙州喫茶去」は「趙州の三喫茶」ともいう。分け隔てなく三人の僧に同じく「喫茶去」といったのは、古参新参を問わず、一刻でもはやく仏道を身につけて、悟りの因縁に逢いなされという思いが込められたからでしょう。

お茶を飲んで行きなさいという「喫茶去」は、修行ということにおいては、新参であろうが古参であろうがなんら変わりがない。修行こそが悟りであり、悟りとは日々の修行そのものであるから、趙州禅師はそれを「喫茶去」とあらわされたのです。

趙州禅師はお茶をふるまい、「喫茶去」をもって仏道を説かれた。

茶に逢ったら茶を飲む

茶道では、茶の接待において、相手によって差別があってはならないとします。茶を飲むことに違いはなく、茶に逢ったら茶を飲む、このことになんの差別があろうか。茶を飲むということ、茶の接待をすること、このいずれもが茶道です。

茶道において、茶室では客はその地位や肩書きのいっさいを脱ぎ捨てることになっています。貴人すなわち地位や身分の高い人であろうがなかろうが、亭主は老若男女に平等に接します。日常の暮らしでも、相手によって態度を変えたりすることなく、いつも泰然として、平常の心でいたいものです。

一般社会の日常のこととして、来客があると、「まあお茶でも召し上がれ」と、お茶をいれておもてなしをします。人が来たらお茶をすすめる、これが「喫茶去」ですが、だれにでも分けへだてなく「まあ、お茶でも召し上がれ」と応接しているでしょうか。

差し出されたいっぷくの茶をゆっくりと味わう、そのことに専念する。すなわち、余念なく茶と自分が一つとなる。また、茶を入れる者の心構えとして、美味しく入れてあげたいと、客を思う心が一椀一椀にそそがれているでしょうか。

修行こそが悟りであり、悟りとは日々の修行なり

趙州禅師は修行の未熟者にも、修行の練達者にも差別することなくお茶をふるまった。「喫茶去」とは趙州禅師の到達した悟りの心境そのものであり、三人の僧にも同じく「喫茶去」の言葉を発することで、それぞれの仏道修証の深浅度をテストしたのです。

茶道では、茶の接待において、相手によって差別があってはならないとします。茶を飲むことに違いはなく、茶に逢ったら茶を飲む、このことになんの差別があろうか。茶を飲むということ、茶の接待をすること、このいずれもが仏道そのものです。

仏道に入るには特別の入り口などありません。茶を飲むことも仏道の入り口です。だから趙州禅師は新参の僧にも、古参の僧にも、お茶をふるまい、「喫茶去」をもって、修行こそが悟りであり、悟りとは日々の修行そのものであることを説かれた。

趙州禅師は茶の味に高下なく、茶をすすめるのも、また飲むのも無心にて「喫茶去」すなわち仏道であると諭されたのです。「喫茶去」は喫茶して去れ、茶を飲みなさいということですが、日常生活の中に仏道修行があるということを教えようとするものです。茶を飲む時には茶を飲むことに専念する。日常のあらゆることにも共通することです。

歩歩是道場《ぼぼこれどうじょう》

一歩一歩が道場であり、日常の行動の一つ一つが仏行なり。

ものごとの出発点は掛け算でなく、必ず足し算でなければならない

堀江貴文さんは、著書『ゼロ』で次のように語る。

ホリエモンこと堀江貴文さんは証券取引法違反の罪で実刑判決を受けて刑務所に収監された。刑務所で四十歳の誕生日をむかえた。

「収監されていた一年六ケ月の間、刑務所の中で、どんなことを考えていましたか」、「刑期を終えて出所したら最初に何をやりたいと思っていましたか」という問いに対して、「僕は働きたかった」と答えた。

出所した堀江貴文さんは、会社を失い、大切な人を失い、社会的信用を失い、お金を失い、ついにぜい肉までも失った。心身ともに真っ新なゼロの状態だ。久しぶりに経験するゼロは意外なほどすがすがしいと思ったと、心境を語られた。

そして、みんな掛け算の答えを求めている。ゼロに何を掛けてもゼロのまま、ものごとの出発点は掛け算でなく必ず足し算でなければならない。まずはゼロとしての自分に小さ

なイチを足す、小さな地道な一歩を踏み出す、本当の成功とはそこから始まる。

お金とは信用を数値化したものだ。だから、ほんとうに困ったとき、人生の崖っぷちに追い込まれたとき、失敗してゼロにもどったとき、あなたを救ってくれるのはお金ではなく、信用なのだ。ひとりだけ確実にあなたのことを信用してくれる相手がいる。それは自分だと、堀江貴文さんはゼロからの再出発の決意をされたのです。

堀江貴文さんは、仕事に没頭したら、仕事が好きになる。仮説を立て、実践し、試行錯誤を繰り返す、そして、達成可能なレベルの目標を掲げてそれに没頭する。やりがいとは自らの手でつくるものだ。どんな仕事であっても、そこにやりがいを見出すことができる。

刑務所における受刑者は懲罰としての仕事を課せられる。それが懲役です。刑務所の中での「与えられた仕事」であっても、「つくり出す仕事に変わっていく」、そこに仕事の喜びを感じることができたと、刑務所での体験を語っている。

そして、やりたいことが見つからないと悩んでいるのなら、できないという心のフタを外してしまえば、やりたいことがあふれでてくる。できない理由から考えないで、できるという前提に立つことが大事なことだといわれた。

自らの生を充実させるために働くのだ

多くのビジネスマンは、自らの労働をお金に換えているのでなく、そこに費やす時間をお金に換えている。自分の時間を差し出しておれば給料がもらえるというのであれば、それは、仕事ではない。自らの給料を稼ぐという意識を持つべきだと堀江貴文さんはいう。

堀江貴文さんは『ゼロ』という本に次のようなことも書いている。

仕事で失敗したり、壁にぶつかるたびに、人の感情はネガティブな方向に流れていく。そうやってネガティブになっていったところで、ひとつでもいいことがあるのだろうか。感情で物事を判断しないよう、感情が揺らぎそうになったときほど、理性の声に耳を傾けるべきだといっている。

また、「何が食べたいか」と聞かれたときに、「なんでもいい」と答える人は思考停止している人です。現状に満足してしまった瞬間、思考停止に突入してしまうから、常に新しい分野に目を向け、新しい出会いをつくり、新しい情報を浴びて、思考と行動をくり返すべきです。大切なのは自分の手で選ぶという行為です。決断できなければ一歩が踏み出せない。挑戦し、全力で走り抜き、自らの生を充実させるために働くのだという。

時間とは「命そのもの」

堀江貴文さんは、いつも死の恐怖を感じているという。人はいつか死んでしまうから、それで「僕は死を忘れるために働き、死を忘れるために全力疾走し、死を打ち消すために生を充実させる」、時間とは「命そのもの」だから、仕事の質は、ひとえに集中力×時間で決まるのだという。そして、「過去を振り返っても事態は変わらず、未来におびえても先へは進めない」。人はいつ死ぬかわからないから、人生は今しかない。自らの生を充実させるために今、働くのだという。

堀江貴文さんの「ゼロに小さなイチを足す」、「時間とは命そのもの」、「生を充実させるために今、働く」、というのを禅語にあてはめると「歩歩是道場」ということでしょう。『ゼロ』という本は堀江貴文さんが再出発をめざして、自らの決意を書きしるしたものでしょう。過去の反省において、非凡な才能を発揮され、社会の発展に寄与されることが期待されます。いつもゼロからの一歩という気持ちを持ち続けて、自らの生を充実させるために、一歩一歩、足元をよく見て修行道場を歩みたいものです。

夢への挑戦　三浦雄一郎の名言

此《この》一日の身命は尊ぶべき身命なり、貴ぶべき形骸《けいがい》なり。　修証義

夢を見て、あきらめずに実行した

「とうとう地球のてっぺんにたどり着きました」「世界最高の気持ちです。まさか八十歳でエベレストの頂上にたどり着くとは」プロスキーヤー・登山家である三浦雄一郎さんは史上最高齢で世界最高峰エベレストに登頂され、このように話された。

三浦さんは二〇一三年五月二十三日午前九時頃、史上最高齢でエベレスト登頂して深夜、標高六五〇〇メートルのキャンプに到着しました。そこからヘリコプターで下山、ネパールの首都カトマンズの空港に着いた。

そして記者会見で「高齢になっても夢を見て、あきらめなければ実現できる。すばらしい宝物になった」と、「おかげさまで登れた。頂上は素晴らしい快晴、こんなすごいことはなかった」と感想を述べられた。

人間はいくつになっても、可能性がある！

七十歳でのエベレスト登頂を目指された頃のことです。「五十三歳の時に、世界七大陸最高峰のスキー滑降を成し遂げて以来、私は全く普通のおじさんになってしまいました。冒険家としての挑戦は、この辺でいいのかなという気がして、飲み放題、食べ放題。その結果、一六四センチの身長で、体重は八十キログラム以上に増え、高血圧に高脂血症、おまけに糖尿病の兆候まで出てきた」ということでした。

五十三歳で世界七大陸最高峰のスキー滑降を成し遂げた後、目的もなく、トレーニングもしていなかったので、五〇〇メートルの小山の途中で息が切れて先に進めなくなったそうです。そこから『人生、このまままたそがれちゃいけない』と一念発起し、本気でエベレストを目指して六年間トレーニングを重ねたということです。

父親の三浦敬三さんは、白寿（九十九歳）でモンブランでのスキー滑走をやってのけた、父親に負けてたまるかという思いも強かったということです。

「いま、企業で働く中高年には、夢をなくしていた頃の私とだぶる人が多いような気がします。会社の業績もいまいちで、何とはなくしょぼくれている。年齢的にも『もう限界』と挑戦をあきらめているのではないでしょうか。でも、私がそうだったように、五十歳、六十歳からでも相当のことができるんです」「人間はいくつになっても、可能性がある」と、三浦さんは力説されています。中高年の人々の心に響く言葉です。「エベレストに登るという夢を持った途端、人生が変わった。そして、夢を持てば実現できることを知った」しかし「達成できる保証なんてどこにもありません」「成功を信じて進むためには、絶対にあきらめないという執念を持つことが大事です」という。

さらに「思いの強さがあれば、あとは努力をするかしないかに尽きる。焦らずに『いつでも今日がスタート』と思って、またゼロから進んでいけばいい」三浦雄一郎さんは、このように当時を回想しておられる。

「誰にでも失敗はつきものだし、上手くいかないこともあります」「どんなに入念に準備しても、予定は狂うし怪我はするし、限界まで追いつめられることなんてしょっちゅうです」「でも、そうしながらも、絶対に掲げた旗印、夢はあきらめないでほしい」という。そして「夢をあきらめることこそが、人間にとって最も無理をしている状態なのです」と言い切る。

日々の生活では階段を一段一段上がることに意義や喜びを見出してきました。

そして「夢に向かう道というのは様々な方向に伸びていて、正しいと信じてやって壁に突き当たったとしても方向転換すればいい」「出口の方向には必ず光があるから、一度原点に戻ってみて光があるほうへ進んでいくんです」いずれにしても、夢はあきらめないことだという。

「最後は『これができたら死んでもいい』ぐらいの覚悟。それさえあれば、自分の中で揺るぎない目標設定をして、計画的に準備を重ねることができるし、不安やストレスさえも、エネルギーになります」「人は命を賭けると『生きて帰るんだ！』という強い力が出てきます」「ビジネスでもどんな分野であっても、死んでもいいほどの意志を持てたら最高の能力が発揮できるんです」

「小さな挫折や失敗を気にせず、『今日これだけやれた』という達成感を積み上げていく。無理しない範囲で、できることを積み重ねていけば、やがて無理がきくようになります」「日々の生活では階段を一段一段上がることに意義や喜びを見出してきました」このように、三浦雄一郎さんはご自分の体験を人々に語っています。

夢への挑戦

ネパールの首都カトマンズに無事に到着した三浦さんは、高齢者へのメッセージとして「七十歳や八十歳であきらめる人が多すぎる。八十歳がスタートだと思えば、人生がおもしろくなるんじゃないか」、真っ黒に日焼けした三浦雄一郎さんの熱い言葉は高齢者の心に響きます。

「九十歳での挑戦は？」と記者会見で聞かれると、「もうたくさんだよ、疲労困憊《ひろうこんぱい》」と答えながらも、「世界六位の高峰ヒマラヤのチョー・オユー（八二〇一メートル）の「頂上からスキーを滑りたい」と、もう次の夢への挑戦に意欲をみせておられる。

「本田宗一郎さん、佐治敬三さん、盛田昭夫さん、私が会った一流の企業家は、やっぱりみなさん前向きで、上機嫌な人たちだった。そして、年齢に関係なく何かを追い続ける生き方は、全員に共通していたと思います」「冒険心があったからこそ、山を越え、海を渡り、人類は地球上で生き残ってきた」人はいくつになっても、夢に向かって挑戦すべきであると、力説しておられる。

登頂までには、何年もトレーニングを重ね、準備万端を整えなければいけない。エベレストのような山に登るには少しずつ体をならしながら上をめざす。頂上に到ったならば、登頂の喜びに長くひたることなく下山しなければならない。気象条件のよい一瞬にめぐまれなければ、登頂もできない下山もできないから、まさに生と死の分かれ目を登り降りすることになる。そして、生き死にを分けるのは気象予知の的確さと、山の神のご加護によるところということでしょうか。

夢を実現させることとは、また次の夢の実現につながっていかなければ意味がない。五年後の夢の実現を可能にするのは今の生き方そのものですから、三浦雄一郎さんの人生とは、常に生と死の分かれ目を歩く、まさに今の一瞬なのでしょう。

「『老いは怖くない。目標を失うのが怖い』なんのために長生きしたいのか。健康の先に何を見たいのか。その目標がはっきりしないと、ただの怠け者になってしまう」夢への挑戦に年齢の限界はない。夢への挑戦を続けている限り、健康で日々新しい自分がある。三浦さんの夢への挑戦に終わりはないようです。

人生は、今

人が「これは、わがものである」と考えるものは、
すべてその人の死によって失われる。

スッタニパータ

「人は生きていく上で、水がなければ生きられないのに、人は生まれた産湯《うぶゆ》の水も、末期《まつご》の水もその味を知らぬ。人はほんとうの水の味も知らないで人生を終えるのかもしれない」これは、小説家・開高健さんの言葉です。

ほんとうの水の味を知らないとは、生まれたときのことを知らぬ、死ぬときのことも知らないで去っていく、これが人生でしょう。

「どうして人間は自ら死にたいと思ったりするのか、他の生き物は自死しないのに、なぜ人間だけが自死するのか」

また、「私は、何のために生まれてきたのでしょうか。いったい何のために生きているのでしょうか」ふと、こんな疑問を自分自身に問いかけることがあるでしょう。

死の間際に語る言葉

人は他の人の死を認識できても、自分の死を認識できないから、死を怖れるのかもしれません。それならば正直に死ぬのは嫌だ、もっと長生きしたいと思えばよい。そのためには生きていくことが辛いとか、生きることが苦しいなどといわぬことです。生きることに楽しみと喜びをたくさん感じる、そういう生き方をすべきでしょう。

長年オーストラリアで終末期ケアに携わってきた看護師のブロニー・ウェアさんによれば、死を覚悟した患者さんのほとんどが後悔や反省の言葉を残すそうです。彼女は、患者さんたちが死の間際に語る言葉を聴きとり、『死ぬ瞬間の5つの後悔』という本にまとめました。死を間近にした人たちはいったいどんな言葉を口にするのか・・・

「自分自身に忠実に生きればよかった」
「あんなに一所懸命働かなくてもよかった」
「もっと素直に自分の気持ちを表す勇気を持てばよかった」
「友人といい関係を続けていればよかった」
「自分をもっと幸せにしてあげればよかった」

死の間際に語る言葉のトップ5はこういうものだったそうです。

一瞬の命の輝き

江戸時代に武士のあり方を説いた指南書として有名な『葉隠』に、「武士道と云ふは死ぬ事と見つけたり」という有名な一節があります。この言葉は死を美徳とする考えだと解釈する人も多いようですが、新渡戸稲造は「いつでも死ねるという勇気こそ、正義の中で生きることを保証する」と説明しています。

オーストラリアと日本とでは価値観が異なるかもしれません。「自分自身に忠実に生きればよかった」とか「あんなに一所懸命働かなくてもよかった」などと後悔する人が多いという指摘は、今後の人生を考える上で、とても参考になる言葉です。「もしも明日、人生が終わるとしたら」と考えてみるのも悪くはないかもしれません。自分の人生において、何を大切にしたいのか、ヒントがみつかるかもしれません。

とかく人は自分の過去のことをいつまでも引きずってしまいます。過去の出来事は自分が今日まで生きてきたストーリーであり、今、そして明日へと新しいストーリーを自分が書き続けていく、そのように考える人は、前向きで過去を引きずらないでしょう。

新しい私を生きるとは、過去にこだわることなく、いつも未来志向で「今」を生きる、「今」を生きることが、未来を生きることでしょう。

死を覚悟した患者さんのほとんどが後悔や反省の言葉を残すそうです。それは、もっと生き続けることができるならば、という願望でもあるのでしょう。

「今」、自分はどういう生き方をしたいのか、過去を引きずらずに、目標・目的をもって「今」を生きたいものです。

時の流れの中にあって、「今」、新しい私を生きる、この一瞬の命の輝きに心ときめかせて喜びの心で生きることができれば、それが幸せということでしょう。

人は世の中に生まれ、世の中で成長し、世の中で生きていく。だから世の中で必要とされる人間であるべきです。「自分が他から必要とされている、そういう生き方をしている」と実感できたら、それは幸せでしょう。「他者すなわち世の中に貢献する生き方」を目指そうと常に心がけたいものです。

余命いくばくもないと医者に告げられると、それなりに心の準備もできるかもしれないが、多くの場合は死の時期などわかりません。だから常に「今」を生きるという姿勢が大切です。そして、「ちっぽけなものかもしれないが、世の中に貢献できる生き方ができた」と、死の間際に語れたら、自分の人生は幸せであったということでしょう。

苦悩なく生きる術

すべてのものは苦なりと、よく知恵にて観る人は
この苦をさとるべし、これやすらぎにいたる道なり。

法句経

「その苦とはなにか」「なぜその苦が生じたのか」「その苦が消滅するということはどういうことをいうのか」「では、どうすればその苦を消し去れるのか」

お釈迦さまは、このような筋道にそって苦悩を説かれ、そして衆生を済度されました。それでこの筋道にならって「生き方上手の術」を解くことにします。

悩みや苦しみはさまざまですが、ここでは「その苦」についてはふれません。それぞれに具体的な事例を当てはめていただければ、いずれも応用がきくでしょう。

苦を他の人のせいにしてもなんら解消につながらない

悩んでいる人に、なぜ悩んでいますか、何を悩んでいますか、と聞けば、職場のだれそれさんが、友達がどうの、親がどうしたとか、このように他の人が悩みの原因だといわれることが多いようです。けれども、他に原因を求めても、悩んでいるのは自分なんだから、自分が生き方を変えなければ、悩みは解消しないでしょう。

苦から逃げない

この世は共生きの世界ですから、人は他と関わりながら生きていかねばなりません。それで「人間関係」で悩んでいるという人が多いのです。

アメリカのトランプ大統領が、就任演説で「アメリカが一番大切なんだ」といわれたが、だれでも自分が一番大切で、国であっても、人であってそれは同じでしょう。けれども、この世は共生きの世界ですから、自己中心で行動すれば、共生き世界であるという道理にさからってしまいます。それで、自己本位で生きようとすれば、どうしても生きづらくなり、悩みや苦しみが生じることになる。

生きているかぎり「その苦」は無くならないでしょう。それで、苦から逃げても逃げきれないから、苦と向き合うのが得策です。「その苦」を先送りしないで、今、苦と向き合う、先送りするとその苦は増幅していくから、さらに苦しくなります。

その苦とは何か

悩んでいる、苦しんでいるというのは、何を悩んでいるのか、どのような苦しみであるのか、そのことをまず知ることです。

なぜその苦が生じたのか

「その苦」は、今、生じたものか、ずっと以前からあったものかということですが、以前からあったものならば、どうして今になって、それが深刻なものになったのかを考えてみましょう。

「その苦」は、自分がつくりだした苦であるのか、他からきたものであるのか、苦が生じたその原因は、その背景は何か、ということについて考えてみると、その苦の特徴はなにか、特異なものか一般的なことか、「その苦」の原因がわかるでしょう。

その苦が消滅するということはどういうことをいうのか

「その苦」が無くなる、消滅する、解消できた状態とはどういうことをさすのでしょうか。「その苦」は、はたして解消可能なことか、解消できるとしても簡単なことか、難題であるかによっても解消法はちがってきます。

どうすればその苦を消し去れるのか

「その苦」を消し去るのがよいのか、苦とともに生きるのが望ましいのか。どうすれば苦と上手くつきあっていけるのか、苦と楽しく過ごせるのか。さまざまな思考回路をめぐらして、有効な方法を導き出せれば、どんな深刻な「その苦」も消滅していくでしょう。

生き方上手

生きていこうとすれば、苦は避けて楽ばかり、というわけにはいきません。したがって、「人生は糾える縄のごとし」で、苦もあれば楽もあるという、苦楽をともにした生活を強いられます。だから、「その苦」と上手につきあう、そのつきあい方を学ぶ、工夫するということでしょう。それには、まず、過ぎ去ったことを引きずらないことです。そして、今の課題と向き合うことができないという言い訳に、過去のことを持ち出さないことです。また、新たな「その苦」を発生の初期段階で認識して、早期解決できる能力を養っておくべきです。早期に処置すれば一番のストレス解消につながるからです。

向上心

いずれの苦しみであっても、「その苦」を解消するのは自分自身ですから、経験や知識能力、技術といった人格的な能力が決め手になります。苦しみとどう向き合うかは、その人の向上心の程度が生き方の上手下手を左右するでしょう。したがっていつも向上心を高くかかげて、人格の向上をめざすこと、知識技術能力を高めることです。それには向上心を鼓舞する原動力となる貪欲な好奇心と果敢な挑戦を支える忍耐力を失わないことです。

低きところにあまんじておれば、限りない迷いの渦に巻き込まれてしまいます。より広い視野で、より高い見識をもってより高く水準を上げることを心得るべきでしょう。

迷いの嵐が吹いても、低きところから高くへ上がれば、もうそこは晴天で、迷いの雲もありません。怒濤逆巻く荒海も、深い海の底ではおだやかなものです。

他人の苦も我が苦とさせていただく

他の人の「その苦」については、自分のことでないから一定の距離があり、客観的に見ることができます。それで他の人の「その苦」を自分のこととさせていただき、「その苦」を除いてあげるお手伝いができれば、それが自分にとっても貴重な経験となることから、対処能力も学べるでしょう。自分自身の「その苦」との向き合い方にも通じるから、自分にとっても役立ちます。

他の人と「その苦」を共にさせていただくことで、良き友を多く持つことになります。そして自分が他から、また世間からも信頼されるという、そういう無形財産も得られるでしょう。なんといっても自分自身の向上につながるから、「その苦」を共有することは大いに意味のあることです。

利他心

共生きの世には利他心がなければ生きられません。利他心は大慈悲心です。悲心とは他の悲しみや苦しみを自分と同じくすることです。慈心とは他の苦しみや悩みを取り除いてあげる、それができなければ、すこしでも軽くしてさしあげることです。

共生きの世だから、利他行を実践する人は楽しく生きられるでしょう。ところが、自己中心で自分勝手な人は生きづらさを感じるでしょう。

生き方上手の術

日常の生活で「その苦」と向き合い、「その苦」を解消し、「その苦」と上手くつきあえる、そのような体質に自分を改善する。そのために「生き方上手の術」を身につける自己訓練をしていくべきです。

ところが「生き方上手の術」を駆使できたとしても、また新たな悩みや苦しみが生じてきます。それで、究極の「生き方上手の術」とは、苦しみや、悩みごとと上手につきあい、「世の中というものは、なるようにしかならぬものなり」と思えるようになれば、それが悩みも苦しみのない生き方になるでしょう。

こだわらない・とらわれない・こころゆったり、

いつでも　どこでも

禅タイム

大地の高さに身をおき地球の呼吸と命の歩みに合わせて、静かに坐ってみましょう。
人は生かされているから、姿勢や呼吸を意識していない。
けれども欲のおもむくままに生きようとするから、人はつまずきます。
真っ直ぐ背筋伸ばして、呼吸を調えます。
人生いかに生きるべきか、周りや進むべき方向がよく見えてきます。

心身の疲れをいやし活力ある生活を

椅子に坐って・・・椅子坐禅

身体を調える

● 椅子にどっしりと腰掛け、背筋を伸ばし、顎をひく
両肩の力を抜いて、耳と肩・鼻と臍とが垂直に
手は右手のひらの上に、左手を重ね、両手の親指を向かい合わせ、かすかにふれあわす

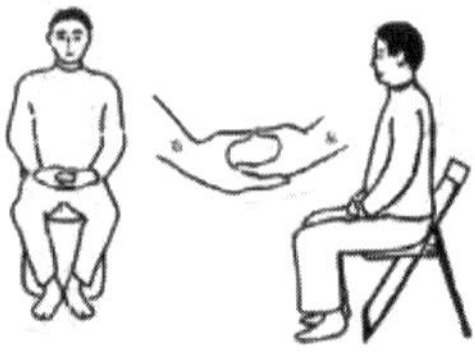

●口は閉じて、目は自然に開き約1メートル前に視線を落とす

●姿勢を調え、上半身を左右に緩やかに揺らして、背筋を立て、しだいに動きを止め、身体を安定させる

息を調える

●身体が安定したら、腹の底から息を吐くように大きく深く数回呼吸する

そして口を閉じ、歯もかみ合わせて、

静かにゆっくりとした、鼻からの呼吸に変える

心を調える

●身体と息が調ってきたならば、心落ち着け静かに坐る

聞こえてくる音も聞き流し、脳裏に浮かぶ事柄にも気にかけず、只ひたすらに坐る

非思量　これ即ち坐禅の要術なり

坐禅は、そのままが悟りです。悟りとは坐禅を行じることです。

日常生活において、ほんの少しの時間であっても、静かに坐ることができれば、心おだやかな自分を自覚できるでしょう。本来の自分を見失わなければ、つまずいても、転んでも、歩むべき道を踏みはずすことはないでしょう。

生きる姿勢を正し、目覚《めざ》めようとする心を発《おこ》す

私たちは本来の自己である自分という生命体に素直な生き方をすべきところ、自我の欲望のおもむくままに利己的な生き方をしているから、自分自身で悩み苦しんでしまいます。姿勢を正し呼吸を調えることによって、悩み苦しみのない本来の自己である生命体にたとえ一時でもたち帰れます。生かされている自己という生命体である自分の本性（仏性）に気づき、そして他に生かしてもらっているから他を生かし他とともに生きる、この生き方を心掛けることによって悩み苦しみを払拭した生き方ができるでしょう。

目覚めようとする心を発すか否かが、我が人生にとっての幸不幸の分岐点となる。

自分自身の仏心に目覚めなくして、他に幸せを探し求めても、空虚なものを追いかけているにすぎません。自己の仏心を呼び覚まそうと努力すれば、人生が楽しくなるでしょう。

濁《にご》りなき　心の水に　すむ月は　波もくだけて　光りとぞなる　　道元禅師

安達 瑞光（あだち ずいこう）

1947年 兵庫県生まれ。
1970年 龍谷大学を卒業し、永平寺本山僧堂安居
1972年 神応寺住職。現在 曹洞宗布教師。
各種団体、企業、老人施設、寺院などへの出前法話や出前坐禅を行っている。中小企業を対象とする経営指導の経験を生かし、企業向け研修も実施。
1998年より神応寺ホームページを開設し、心の悩み相談で、数多くの相談にあたる。http://www.eonet.ne.jp/~jinnouji
2012年『卒哭・生き方を、変える』（風詠社）を出版

人生の標準時計 苦悩なく生きる術

2017年8月9日 第1刷発行

著 者 安達瑞光
発行人 大杉 剛
発行所 株式会社 風詠社
〒553-0001 大阪市福島区海老江5-2-7
ニュー野田阪神ビル4階
TEL 06（6136）8657 http://fueisha.com/
発売元 株式会社 星雲社
〒112-0005 東京都文京区水道1-3-30
TEL 03（3868）3275
装幀 2DAY
印刷・製本 シナノ印刷株式会社

ISBN978-4-434-23548-1 C0012